いつものおかずをもっと手軽に、おいしく！

はじめての発酵ごはん

オザワエイコ
森本桃世 著

ナツメ社

麹調味料は「だし」です。

麹で発酵調味料を作ったら
自然な味わいの
濃厚な旨みのもとになりました。
これぞまさに「だし」！
いつもの料理に使うだけで
たちまち「発酵ごはん」が
できあがります。

Part 1 かんたん麹調味料4種

麹と1つの食材で作る！

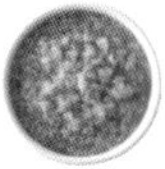

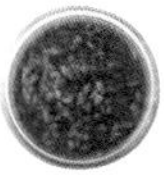

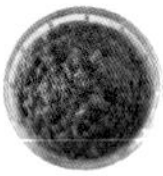

column

保存と使い方のコツ

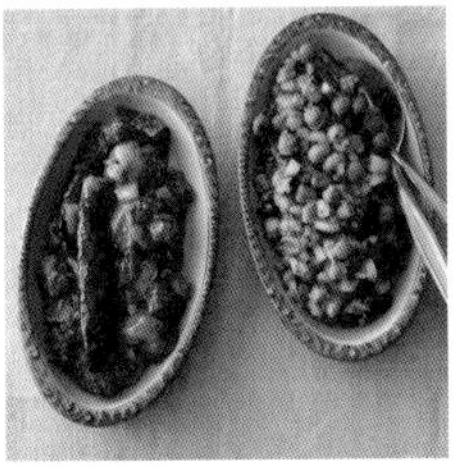

Part 2

万能麹調味料8種

麹と数種の食材で作る！

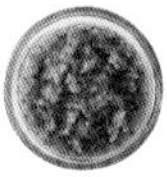

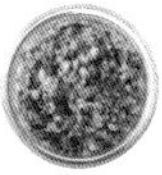

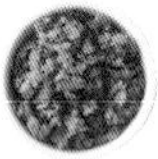

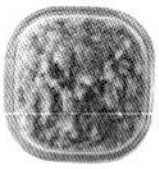

はじめに

「麹」で発酵調味料を作ったら、それは超便利な「だし」になった

「麹」といえば、みそやしょうゆ、酢やみりんなど、日本の発酵調味料にとって欠かせない存在。そんな「麹」を使って作る本書の「麹調味料」は、誰でも簡単に作れる発酵調味料です。

　麹で作る調味料というと、まず塩麹を思い浮かべる人が多いと思います。私がはじめて塩麹と出会ったのは10年以上前になりますが、肉や魚、野菜を漬けたり、料理の味付けに使うだけで、ぐんとおいしくなることに驚きました。そして、そんな「麹」のおいしいパワーに触れて、自然といろいろな麹調味料を作るようになったのです。

　麹調味料のすごいところは、料理をなんでもおいしくしてくれるのに、強い味を主張せずホッとする味で、食べ飽きないところ。それはまさに「だし」！　私にとって、麹調味料こそ超便利な「だし」的な存在になっていたのです。

　麹調味料をあれこれ冷蔵庫に常備するようになってから、私の食生活はとてもラクに、すごくおいしくなりました。まずは、どれでもいいので1種類、麹調味料を作ってみてください。そして、それで料理を作ってみれば、麹調味料のすばらしさがわかると思います。

　本書は「発酵ごはんって体によさそうだけど、何から作っていいのかわからない」という発酵ビギナーさんから、「発酵ごはんを楽しんでいるけれど、もっと簡単にできるといいのに……」という発酵実践中の人まで、すべての発酵好きの人にお届けするために誕生しました。ぜひ、まいにちの発酵ライフにお役立てください。

オザワエイコ

31 g
0表示

そもそも麹って何？

麹調味料担当のオザワです
麹菌です
料理レシピ担当の桃です
そもそも麹とは
麹菌
いえーい
拡大したよ
加熱した米
加熱した米や麦、豆などに麹菌（カビの一種である微生物）をつけて繁殖させたもの
カビを使った発酵食品は東アジアや東南アジアでも作られてきたけど麹菌を使った発酵食品は日本以外ではほとんど作られていないんです
テンペ
豆豉《トウチ》
麹の種類もいろいろある
麹には米麹（白米麹、玄米麹）麦麹（みそ作りなどに）、豆麹（豆みそ作りに）があるけど、この本では、ニホンコウジカビを蒸した白米に繁殖させて作る米麹を使ってます。
クセのない味でおいしく仕上がるよね
ニホンコウジカビ
私のプロフィールです!!
学名：アスペルギルス・オリゼー
（オリゼーは稲の学名が由来）
日本の国菌（２００６年に日本醸造学会が認定）

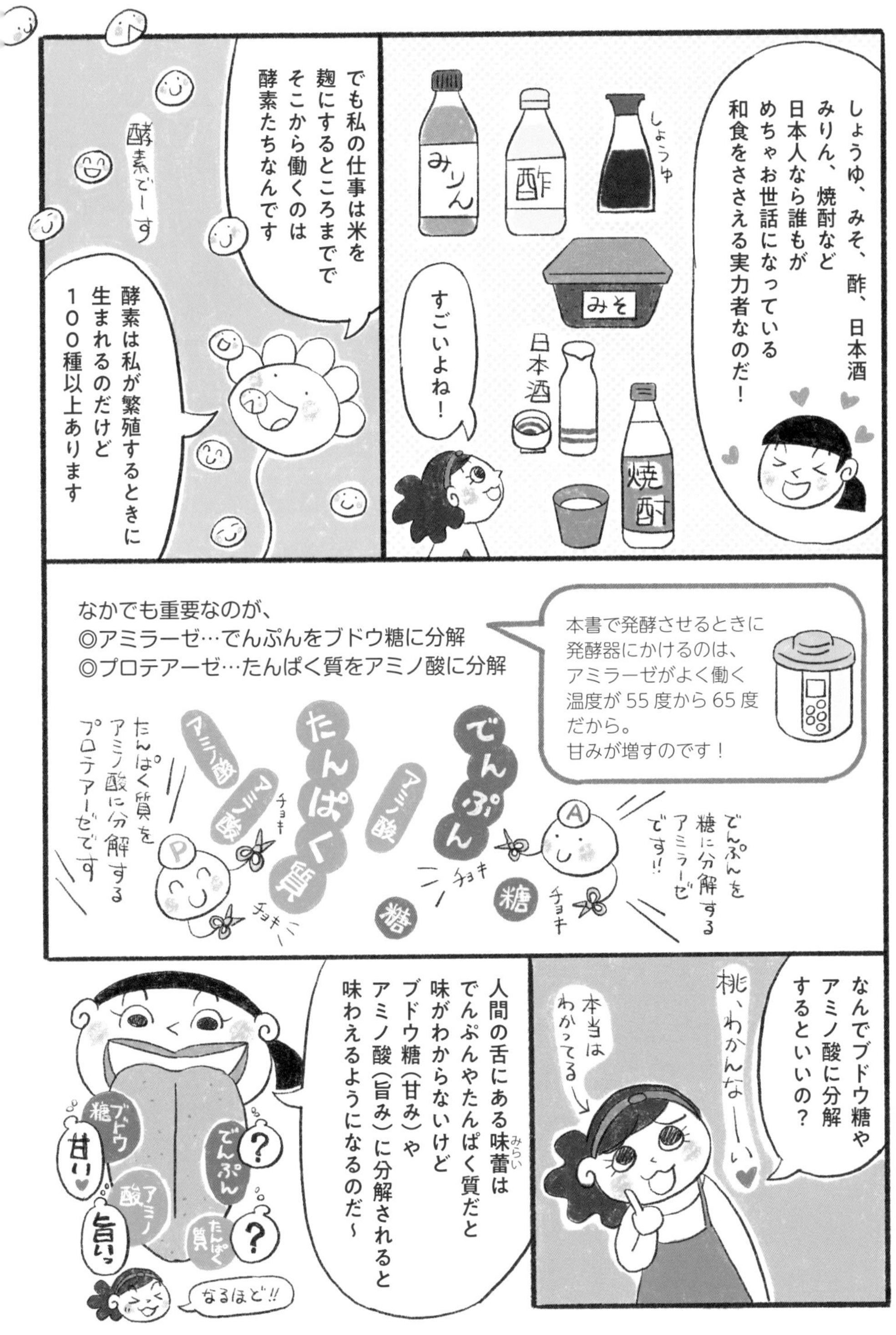
しょうゆ、みそ、酢、日本酒
みりん、焼酎など
日本人なら誰もが
めちゃお世話になっている
和食をささえる実力者なのだ！
しょうゆ
酢
みりん
みそ
日本酒
焼酎
すごいよね！
でも私の仕事は米を
麹にするところまでで
そこから働くのは
酵素たちなんです
酵素でーす
酵素は私が繁殖するときに
生まれるのだけど
100種以上あります
なかでも重要なのが、
◎アミラーゼ…でんぷんをブドウ糖に分解
◎プロテアーゼ…たんぱく質をアミノ酸に分解
本書で発酵させるときに
発酵器にかけるのは、
アミラーゼがよく働く
温度が 55 度から 65 度
だから。
甘みが増すのです！
でんぷんを
糖に分解する
アミラーゼ
です!!
でんぷん
アミノ酸
糖
チョキ
たんぱく質
アミノ酸
アミノ酸
糖
チョキ
たんぱく質を
アミノ酸に分解する
プロテアーゼです
なんでブドウ糖や
アミノ酸に分解
するといいの？
桃、わかんなーーい
本当は
わかってる
人間の舌にある味蕾《みらい》は
でんぷんやたんぱく質だと
味がわからないけど
ブドウ糖（甘み）や
アミノ酸（旨み）に分解されると
味わえるようになるのだ～
ブドウ糖
甘い
アミノ酸
旨いっ
でんぷん
？
たんぱく質
？
なるほど!!

麹調味料の上手な使い方

麹調味料の代表といえば塩麹!
手軽だしおいしいけどね
市販の塩麹は加熱したりアルコールを添加したりして発酵がおさえられていることが多いの
塩麹
塩こうじ
でも自分で作れば酵素が元気に働くのだ!
だから甘みも旨みも増しておいしくなるのだ!
麹調味料には麹の酵素が生きている!!
酵素が生きてるとこんなによいことがありますよ!
酵素が作るブドウ糖やアミノ酸はエネルギーのもと→活力が出て体を元気に動かせる
どうぞ
ブドウ糖
助かる〜!!
酵素が作るオリゴ糖は腸内細菌のごはん→腸の善玉菌が増える
わ〜い!!
善
オリゴ糖
どうぞ
食材がしっとりやわらかくなる→消化吸収がよくなる
抗酸化作用があり、免疫力がアップ!アンチエイジングにも期待!
見た目も中身も大事!!
しかもおいしいとかサイコー
えへん!!
いいことしかない!!

麹そのものの旨みや甘さに塩味もついてるので調味料としても優秀！
さらに麹調味料に漬けることで食材がやわらかくしっとりして保存性もアップ！
使うときは少なめにして最後に味を見て薄ければ塩やしょうゆなどでととのえるのがおいしく仕上げるコツ！
でんぷんやたんぱく質の多い素材は、混ぜてから長時間おくと麹の酵素の働きで溶けていくから
ジャガイモ
春雨
カボチャ
豆腐
ゆで卵
食べる直前に和えるか麹調味料を加熱して酵素の働きを弱めてから、調理に使うのがコツ！
麹調味料を使って料理すると断然おいしいくて料理のクオリティがぐぐっとアップ！
主菜も副菜もすぐできるし味がバシッと決まる！
漬けおき、プレ作りおきなど麹調味料のおすすめの使い方はP106～119でも紹介しているので参考にしてね

麹の種類と使い方

麹の種類

麹には、米麹（白米麹・玄米麹）、麦麹、豆麹がありますが、本書では入手しやすい米麹（白米麹）を使っています。

また、麹には「生麹」と「乾燥麹」があります。生麹は、蒸した米などに麹菌を繁殖させた、できたての麹のこと。風味がよく、3～4日は冷蔵で保存できます。長期保存は要冷凍で、冷凍庫で約3か月保存可能です。乾燥麹は、生麹の水分を蒸発させたもの。保存性が高いのが特徴で、常温で数か月ほど保存できます。

入手しやすいのはスーパーでも買える乾燥麹。生麹は、麹専門店などが販売しており、ネットショップでも購入できます。

麹は使うタイミングに合わせて、入手しやすいほうを選べばOK。いつでも使えるように、生麹を冷凍したり、乾燥麹を常備しておくとよいでしょう。

米麹
（白米麹）

米麹
（玄米麹）

麦麹

豆麹

右が生麹で左が乾燥麹。見た目は変わらない。生麹はそのまま食べられるが、乾燥麹はかじると堅い。

麹を使うときはバラバラにする

生麹も乾燥麹も、板状に固まっているときは、使うときバラバラにほぐします。

乾燥麹は戻してから使う

生麹はそのまま使えますが、乾燥麹はやわらかく戻してから使うのが基本。麹に水を加えてよく混ぜ、しばらく置いておくことで、生麹と同様に使えます。本書の麹調味料の材料にある「米麹」は、乾燥麹を水で戻した分量、または生麹の分量です。

1 ボウルなどに乾燥麹を入れ、麹の重量の約半量の水を加える。

2 全体になじむようによく混ぜる。

3 乾燥防止にラップを落とし、30〜60分ほどおく。ときどき混ぜるとよい。

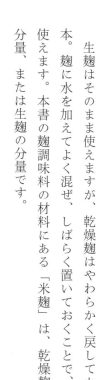

麹調味料を発酵熟成させる手順

本書で紹介している麹調味料は、60度で8時間保温して発酵熟成させる作り方が基本です。60度で温度管理する場合、発酵器を使うのが便利でおすすめですが、炊飯器や保温ボトルなど、家にあるものでも代用が可能です。また、発酵器や炊飯器などがない場合は、冷蔵で発酵させる方法も紹介します。

発酵器を使う

60度まで1度単位で設定できるヨーグルトメーカーがおすすめです。60度に設定し、8時間保温するようにセットして発酵させます。70度以上になると麹の酵素が働かなくなるので注意しましょう。55～65度で7～10時間保温するのがおいしさのコツです。

「60度で8時間」発酵させる理由は、でんぷんを糖に分解する酵素（アミラーゼ）が働きやすい温度が55～65度のため。

炊飯器の保温モードを使う

炊飯器に湯を入れて保温モードにし、蓋をあけたままにすると、60～65度になります。炊飯器の蓋を閉めないこと。麹調味料をジップバッグに入れ、湯につけておくと乾燥せず、均一に温まります。炊飯器にじかに入れる場合は、蓋をあけたまま、濡らした布巾やタオルで乾燥を防ぐように上部を覆いましょう。

保温ボトルを使う

1 鍋などに入れて火にかけ、温度計で計りながら70度直前まで温める。70度以上にならないように注意。

2 すぐに保温ボトルに入れて蓋をして8時間、保温。

3 途中で温度が55度以下に下がったら、再び加熱して保温ボトルに戻すと均一に発酵熟成する。

冷蔵で発酵させる場合

発酵器や炊飯器、保温ボトルがない場合は、冷蔵で発酵させることも可能です。その場合は、冷蔵保存し、1日1回混ぜること。1～2週間たち、とろみがつき、塩味がまろやかになってきたらできあがり。ただし、発酵器を使った場合より甘みや旨みは少なくなる傾向があります。

あると便利な道具

麹調味料作りには、発酵器があると便利です。安価なものもあるので、使いやすいものを選びましょう。

温度管理をする道具

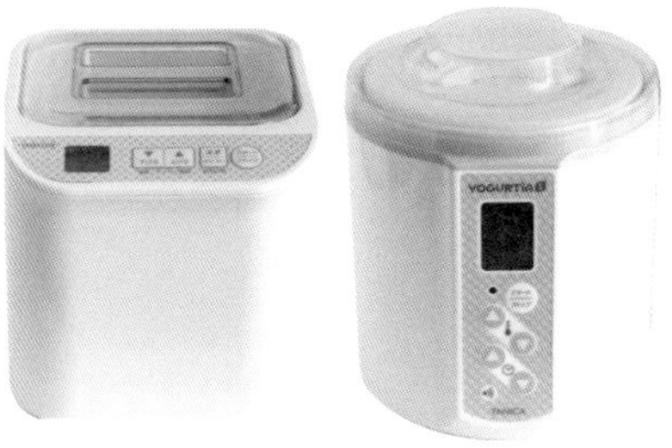

・発酵器（ヨーグルトメーカー）
ヨーグルトメーカーなどの名称で販売されている。温度設定ができなかったり、50度以上にならないタイプもあるが、発酵調味料作りでは60～65度くらいまで1度単位で設定できるものを選ぶこと。短時間で発酵調味料を作る場合の必需品。

発酵器がない場合

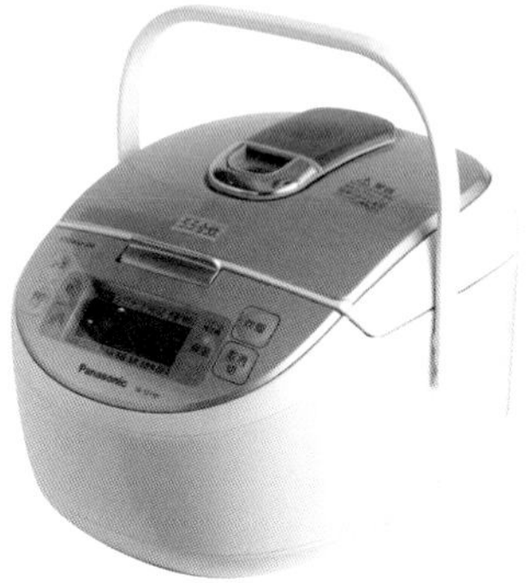

・炊飯器
保温モードにして蓋をあけておくと約60～65度を保てる。ただし乾燥しやすいので、ジップバッグなどに入れるか、濡らしたタオルなどをかけておくこと。途中で1～2回混ぜると均一に発酵する。
（➡炊飯器の保温モードを使う・P16）

・キッチン温度計
発酵器を使わずに鍋で加熱する場合は、温度計で温度を確認する。
（➡保温ボトルを使う・P17）

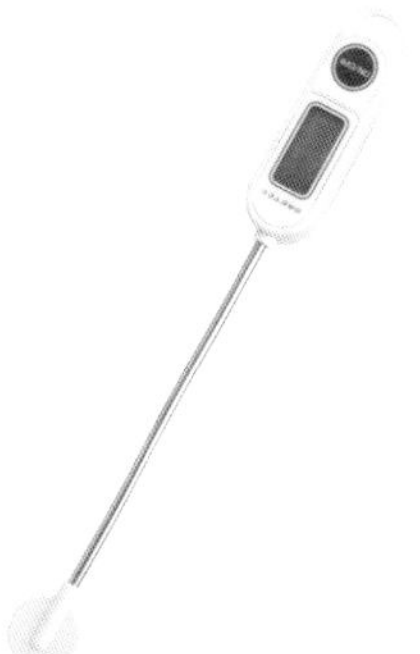

・保温ボトル
魔法瓶やスープジャーなど、温度を保つ容器を使って発酵させることができる。上手に発酵させるコツは、途中で温度を確認し、温度が下がっていたら、再度加熱して同じように保温すること。
（➡保温ボトルを使う・P17）

調理道具

・フードプロセッサー
水分の少ない素材をみじん切りにしたり、できあがった麹調味料をなめらかなペースト状にするための必需品。洗いやすく手入れしやすいものがおすすめ。

・ミルサー
水分の少ない素材を粉状にするときに使う。煮干しを煮干し粉にしたり、カツオブシを粉状に粉砕するときに便利。

キッチングッズ

・キッチンスケール
材料の重さを計るときに。デジタルで1g単位で計れるものがおすすめ。

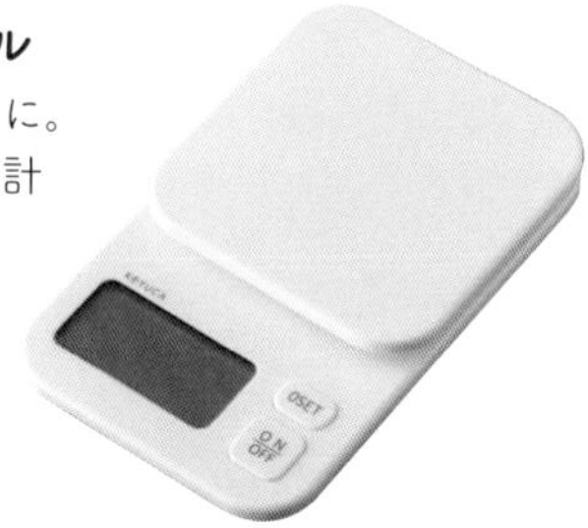

・ジップバッグ
発酵熟成させるときはもちろん、保存にも便利。

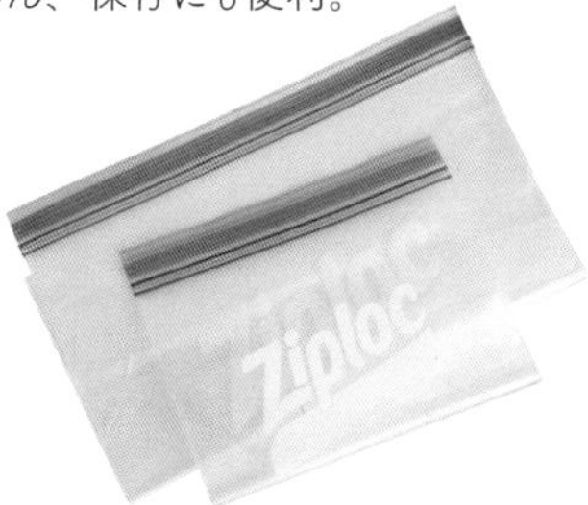

・アルコール除菌液
麹調味料や料理を保存するとき、容器をアルコール消毒しておくと保存性が高まる。

本書の使い方

Part 1・Part 2 は、麹調味料の作り方（2 ページ）→
その麹調味料を使った料理レシピ（4～6 ページ）になっています。

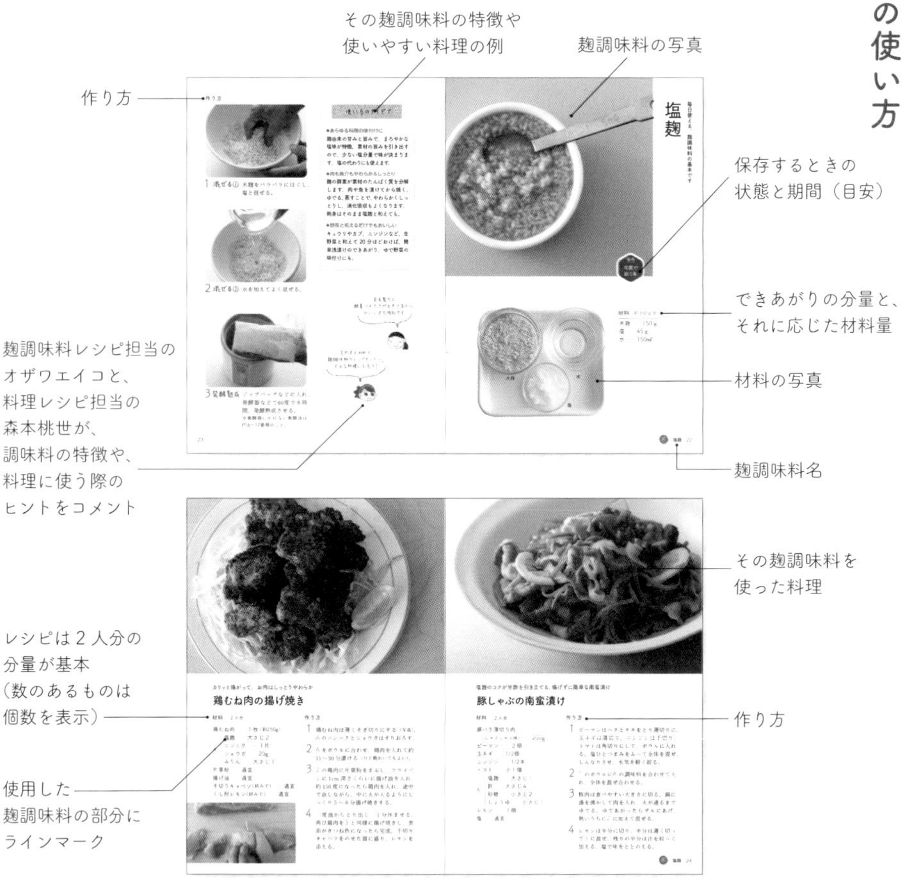
その麹調味料の特徴や
使いやすい料理の例
麹調味料の写真
作り方
塩麹
保存するときの
状態と期間（目安）
できあがりの分量と、
それに応じた材料量
麹調味料レシピ担当の
オザワエイコと、
料理レシピ担当の
森本桃世が、
調味料の特徴や、
料理に使う際の
ヒントをコメント
材料の写真
麹調味料名
その麹調味料を
使った料理
レシピは 2 人分の
分量が基本
（数のあるものは
個数を表示）
鶏むね肉の揚げ焼き
豚しゃぶの南蛮漬け
作り方
使用した
麹調味料の部分に
ラインマーク

p106～119 は、麹調味料の使い方（漬けおき・プレ作りおき）を紹介しています。

本書の約束

・計量は、1 カップ＝ 200ml、大さじ 1 ＝ 15ml、小さじ 1 ＝ 5ml、すべてすりきりです。
・本書の麹調味料の材料にある「米麹」は、生麹または乾燥麹を水で戻した分量です。
・本書のレシピでとくに説明のない場合、「塩」は海水塩、「砂糖」はキビ糖、「植物油」は菜種油や白ゴマ油、「酢」は米酢を主に使用していますが、ご自身が使い慣れたものでお作りください。
・各麹調味料の作り方に記載したできあがりまでの時間（発酵熟成させる時間）は目安です。季節や室温など環境によって変化し、毎回同じようには仕上がりませんので、見た目や匂い、味から、自分がおいしいと感じられる状態を判断してください。
・各麹調味料の保存期間の目安を記載していますが、温度や湿度、保存容器、保存状態により保存期間は変化します。保存容器は、アルコールなどで清潔にしてからご使用ください。
・麹調味料を使った料理で、素材の漬け時間が 15 分以上と記載されている場合、15 分～48 時間ぐらいの幅で考えてください。前の晩に仕込んでおくと、調理時間を短くできます。
・麹調味料を使った料理レシピは、慣れてきたら、素材や分量など自分好みにアレンジして楽しんでください。味の幅が広がります。

Part
1

かんたん麹調味料4種

麹と1つの
食材で作る！

塩麹

毎日使える、麹調味料の基本です

保存
冷蔵で約1年

材料 約350ｇ分

米麹 …… 150ｇ
塩 …… 45ｇ
水 …… 150mℓ

作り方

1 混ぜる① 米麹をバラバラにほぐし、塩と混ぜる。

2 混ぜる② 水を加えてよく混ぜる。

3 発酵熟成 ジップバッグなどに入れ、発酵器などで60度で 8 時間、発酵熟成させる。
※発酵器を使わない発酵法はP16〜17参照のこと。

使い方のアイデア

●あらゆる料理の味付けに

麹由来の甘みと旨みで、まろやかな塩味が特徴。素材の旨みを引き出すので、少ない塩分量で味が決まります。塩の代わりにも使えます。

●肉も魚介もやわらか&しっとり

麹の酵素が素材のたんぱく質を分解します。肉や魚を漬けてから焼く、ゆでる、蒸すことで、やわらかくしっとりし、消化吸収もよくなります。刺身はそのまま塩麹と和えても。

●野菜と和えるだけでもおいしい

キュウリやカブ、ニンジンなど、生野菜と和えて20分ほどおけば、簡単浅漬けのできあがり。ゆで野菜の味付けにも。

自家製だと
酵素のチカラが生きてるから、
おいしさも格別です

言わずと知れた
麹調味料のトップランナー。
どんな料理にも合う！

塩麹のコクが甘酢を引き立てる。揚げずに簡単な南蛮漬け

豚しゃぶの南蛮漬け

材料　2人分

豚バラ薄切り肉（しゃぶしゃぶ用）…… 200g
ピーマン …… 2個
玉ネギ …… 1/2個
ニンジン …… 1/2本
トマト …… 小1個
A
- 塩麹 …… 大さじ1
- 酢 …… 大さじ4
- 砂糖 …… 小さじ2
- しょうゆ …… 小さじ1

レモン …… 1個
塩 …… 適宜

作り方

1 ピーマンはヘタとタネをとり薄切りに、玉ネギは薄切り、ニンジンは千切り、トマトは角切りにして、ボウルに入れる。塩ひとつまみをふって全体を混ぜ、しんなりさせ、水気を軽く絞る。

2 1のボウルにAの調味料を合わせて入れ、全体を混ぜ合わせる。

3 豚肉は食べやすい大きさに切る。鍋に湯を沸かして肉を入れ、火が通るまでゆでる。ゆであがったらザルにあげ、熱いうちに2に加えて混ぜる。

4 レモンは半分に切り、半分は薄く切って3に混ぜ、残りの半分は汁を絞って加える。塩で味をととのえる。

カリッと揚がって、お肉はしっとりやわらか

鶏むね肉の揚げ焼き

材料　2人分

鶏むね肉 …… 1枚（約250g）

A
- 塩麹 …… 大さじ2
- ニンニク …… 1片
- ショウガ …… 20g
- みりん …… 大さじ1

片栗粉 …… 適宜
揚げ油 …… 適宜
千切りキャベツ（好みで）…… 適宜
くし形レモン（好みで）…… 適宜

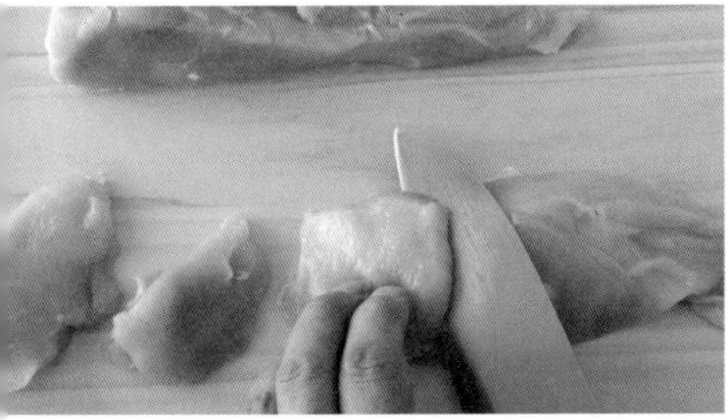

作り方

1 鶏むね肉は薄くそぎ切りにする（写真）。Aのニンニクとショウガはすりおろす。

2 Aをボウルに合わせ、鶏肉を入れて約15～30分漬ける（ひと晩おいてもよい）。

3 2の鶏肉に片栗粉をまぶし、フライパンに1cm深さくらいに揚げ油を入れ、約150度になったら鶏肉を入れ、途中で返しながら、中に火が入るようにじっくり5～6分揚げ焼きする。

4 一度油からとり出し、1分休ませる。再び鶏肉を3と同様に揚げ焼きし、表面がきつね色になったら完成。千切りキャベツをのせた器に盛り、レモンを添える。

素材の旨みが重なり合って、とろりまろやか食感

マグロのユッケ

材料　マグロ100g分

マグロ（ぶつ切り）…… 100g

A
- 塩麹 …… 小さじ1
- ゴマ油 …… 小さじ1
- 白ゴマ …… 適宜
- 万能ネギ（小口切り）…… 適宜

おろしニンニク（好みで）
…… 1/2片分
卵黄 …… 1個分
青ジソ（好みで）…… 適宜

作り方

1 マグロは粗くみじん切りにする。

2 Aをボウルに合わせ、おろしニンニクを好みで加える。

3 2にマグロを入れて混ぜ、青ジソを敷いた器に盛り、中央に卵黄をのせる。

麹がマグロの旨みを引き出し、
とろとろ食感が絶妙です

ネギ＋塩麹の旨みと、ゴマ油の香ばしさで食べる

厚揚げのネギソースかけ

材料　2人分

厚揚げ …… 1枚
長ネギ …… 1/2本
塩麹 …… 大さじ1
ゴマ油 …… 大さじ2
こしょう …… 適宜

作り方

1 厚揚げは約2cm幅（縦に3等分）に切り、さらに半分の長さに切る。

2 長ネギはみじん切りにして耐熱ボウルに入れ、塩麹と合わせておく。

3 小鍋にゴマ油大さじ1を入れ、煙がでる手前まで熱したら、2のボウルの上からかける（写真）。こしょうを加えて混ぜる。

4 鍋にゴマ油大さじ1を入れ、厚揚げを入れて中火にかけ、焼き色がつくまで両面を焼く。器に盛り、3をのせる。

塩麹で作る自家製のり佃煮が、上品な味わいを添える

長イモのり佃煮和え

材料　2人分

長イモ …… 300g

A
- のり …… 全型サイズを1枚
- 塩麹 …… 大さじ1
- 酒 …… 大さじ2
- 砂糖 …… 小さじ2
- 水 …… 50ml

ゴマ油 …… 大さじ1

ワサビ(好みで) …… 適宜

作り方

1 長イモは5cm長さ×1cm幅の長方形に切り、酢水(分量外)につけて、ねばりをとる(写真)。

2 Aの材料をすべて鍋に入れて弱めの中火にかけ、焦がさないように注意しながら煮詰め、のりの佃煮を作る。冷ましておく。

3 1をザルにあげて水気を切り、ボウルに入れてゴマ油、2の佃煮、ワサビを加えて和える。

絹ごし豆腐と塩麹で、インドのさっぱりサラダを再現

キュウリの豆腐ライタ風

材料　キュウリ3本分

キュウリ …… 3本
絹ごし豆腐 …… 1/2丁
塩麹 …… 大さじ2
おろしニンニク …… 1片分
植物油 …… 大さじ1
レモン汁 …… 1/2個分
塩・こしょう …… 適宜

作り方

1 キュウリはヘタをとり、1cmくらいの輪切りにする。塩ひとつまみをふってよく混ぜ、水分が出たら軽くふきとっておく。

2 絹ごし豆腐の水気をキッチンペーパーでふきとり、ボウルに入れる。塩麹、すりおろしたニンニクを加え、ホイッパーでよく混ぜて、なめらかにする(写真のように、麹の粒は残っていてよい)。

3 2のボウルに油を少しずつ入れて、よく混ぜる。レモン汁を加え、塩・こしょうで味をととのえ、キュウリを加えて混ぜる。

煮干し麹

どんな素材もどんな料理も引き立てる、最強だし

保存
冷蔵で
約1年

材料 約250ｇ分

煮干し粉末 …… 50ｇ
米麹 …… 50ｇ
水 …… 120mℓ
塩 …… 35ｇ

作り方

1 混ぜる① 米麹をバラバラにほぐし、塩と混ぜる。

2 混ぜる② 煮干し粉末と水を加えて混ぜる。

3 発酵熟成 ジップバッグなどに入れ、発酵器などで60度で８時間、発酵熟成させる。
※発酵器を使わない発酵法はP16〜17参照のこと。

使い方のアイデア

●インパクトのある旨みを活かす
煮干し自体の風味が濃いので、麹と合わせることでさらなる旨みが生まれます。料理の味わいにメリハリがつき、和風はもちろん、洋風料理にも。

●和風顆粒だし＋塩の味わい
使い方は市販の和風顆粒だしと同じ。煮汁に溶いたり、炒めるときに加えるだけ。調理のときに塩味を加減して仕上げるのがコツ。おひたしや和え物も、煮干し麹だけでささっと完成します。

●後味こっくり、満足感もアップ
淡白な素材はしっかり味に仕上がり、味の強い素材は煮干し麹の旨みで料理全体の味のバランスがとれます。

煮干しを使うとき

煮干しは魚を煮て干したもので、カタクチイワシやマイワシ、ウルメイワシなどで作られるのが一般的。いりことも呼ぶ。

煮干し麹には煮干し粉を使うと簡単だが、煮干しを使う場合は、ミルサーなどで粉末状にしてから使おう。

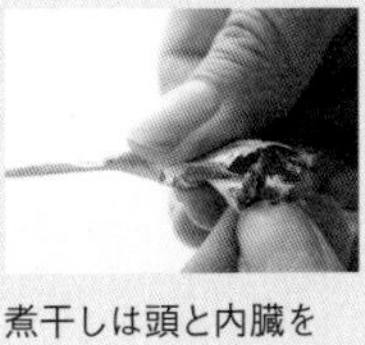

煮干しは頭と内臓をとって粉砕する。

アサリと煮干しの旨みが身体に染みわたる

アサリのスンドゥブチゲ

材料　2人分

アサリのむき身 …… 100g
絹ごし豆腐 …… 1丁（約300g）
長ネギ …… 1本
キムチ …… 50g
ゴマ油 …… 大さじ1
水 …… 600ml
煮干し麹 …… 大さじ2
卵 …… 1個
豆板醤、ラー油など（好みで）
…… 適宜

作り方

1 豆腐1丁は4等分にする。長ネギは斜めに1cm幅ぐらいに切り、キムチは食べやすい大きさに切る。

2 鍋にゴマ油を入れて中火にかけ、アサリ、長ネギ、水、煮干し麹を入れ、蓋をして煮る。沸騰したら蓋をとり、豆腐、キムチを加える。

3 味を見て、豆板醤やラー油で好みの辛さにととのえる。

4 卵を具の中央に割り入れ、白身が固まってきたら火を止める。

豚肉、ニンニク、ショウガ、煮干し麹の最強コンビネーション

焼き豚丼

材料　2人分

豚バラ薄切り肉（焼き肉用）
　…… 150g
ニンニク …… 1片
ショウガ …… 10g
煮干し麹 …… 大さじ1
長ネギ …… 1/2本
ゴマ油 …… 大さじ1
みりん …… 大さじ1
しょうゆ …… 小さじ2
白ゴマ …… 大さじ1（適量）
温かいごはん …… 2膳分

作り方

1 ニンニク、ショウガは皮をむいてすりおろす。豚肉はひと口大に切る。

2 豚肉に、1のニンニク、ショウガと煮干し麹をもみ込み、15〜30分おく。

3 長ネギは0.3cmほどの輪切りにする。

4 フライパンにゴマ油を入れて中火にかけ、2の豚肉を炒める。

5 全体に火が通ったら、みりん、しょうゆを加え、水分が飛ぶまでさらに炒める。照りが出たら長ネギ、ゴマを入れて軽く炒め、火を止める。

6 器にごはんを盛り、5をのせる。

バター＋煮干し麹は、炒め物の新定番

ホタテとアスパラガスのバター炒め

材料　2人分

ボイルホタテ …… 5～6個
アスパラガス …… 3本
玉ネギ …… 1/4個
バター …… 20g
煮干し麹 …… 大さじ1
酒 …… 大さじ1

作り方

1 アスパラガスは根本の固い部分を切り落とし、食べやすい長さに切る。玉ネギは薄切りにする。

2 鍋にバターを入れて中火にかけ、アスパラガスと玉ネギ、ホタテを入れ、全体にバターをからませるように炒める。煮干し麹を加え、酒をふり入れる。野菜に火が通ったら、できあがり。

麹調味料はバターとも
相性バツグン！
刺身用ホタテを使っても

だしの旨みを丸ごと味わう

大根のゴロゴロ煮

材料　２人分

大根 …… 1/2本
ショウガ …… 20g
煮干し麹 …… 大さじ２
水 …… 約500ml（ひたひたになる量）
水溶き片栗粉 ……片栗粉大さじ２
＋水大さじ２

作り方

1 大根は皮をむき、３cmほどの厚さの輪切りにしてから、縦４〜６等分のイチョウ切りに（写真）。

2 ショウガは薄切りにしてから千切りにする。

3 鍋に１と２を入れ、大根にひたひたにかぶるぐらいの水を注ぎ、煮干し麹を加えて中火にかける。

4 大根の中心まで火が通り、好みの固さになったら、水溶き片栗粉を回し入れ、とろみが出たら火を止める。

煮干し麹を常備して、手早くもう1品

小松菜の煮干し麹和えレモン風味

材料　2人分

小松菜 …… 3～4株
A
- レモン汁 …… 1個分
- 煮干し麹 …… 小さじ2
- ゴマ油 …… 小さじ2

白ゴマ …… 適宜
塩 …… 適宜

作り方

1 鍋に小松菜全体が浸かるくらいの量の湯を沸かす。冷水を入れたボウルを用意しておく。小松菜は根の固いところを切り、軸と葉に切り分ける。

2 湯が沸騰したら、小松菜の軸の部分を入れ、色が変わったら葉の部分を入れる。葉がしんなりしたら火を止め、ザルにあげて冷水につける。水気を切り、2cmくらいの食べやすい長さに切る。

3 Aを合わせたボウルに、2の小松菜を入れ、ゴマをふって和える。塩で味をととのえる。

いつもの副菜が麹でやさしい味に

ホウレンソウのおひたし

材料　2人分

ホウレンソウ …… 3束
A
- 煮干し麹 …… 小さじ1
- しょうゆ …… 小さじ1/2
- 塩 …… 1g

水 …… 200ml
カツオブシ …… 適宜

作り方

1 鍋に水とAの調味料を入れて、火にかける。

2 ホウレンソウは根の固いところを切り、3cmほどの長さに切って、軸と葉に分ける。

3 1が沸騰したら、2の軸の部分、葉の部分の順に入れてすぐ火を止め、そのまま冷ます。

4 器に盛り、カツオブシをのせる。

小松菜の煮干し麹和えレモン風味

ホウレンソウのおひたし

カキしょうゆ麹

旨みとコクが凝縮、風味豊かな新調味料

保存
冷蔵で約6か月

材料　約300ｇ分

カキ …… 100ｇ
米麹 …… 100ｇ
しょうゆ …… 100mℓ

作り方

1 ゆでる　カキを熱湯で3分ほどゆで、ザルにあげてしっかり水気を切る。

2 切る　60度以下に冷まし、みじん切りにする。フードプロセッサーにかけても。

3 混ぜる　カキ、米麹、しょうゆを合わせて混ぜる。

使い方のアイデア

●カキ丸ごとのオイスターソース
まさに濃厚なオイスターソース。カキの旨みと香りで、あらゆる料理にコクをプラス。中華はもちろん、和風にも洋風にも合わせてみて。和え物などに使うと、なぜかめんつゆのような味わいです。

●卵料理や炒め物の味付けに重宝
油との相性がよいので、定番の炒め物にも大活躍。卵料理との相性もバッグンです。

●お酒と合う!
旨みが濃いので、お酒のつまみ作りにもぴったり。

冷凍のカキを
使ってもOK

4 発酵熟成　ジップバッグなどに入れ、発酵器などで60度で8時間、発酵熟成させる。
※発酵器を使わない発酵法はP16～17参照のこと。

シンプル素材で、こっくり深い味わい

エビと長ネギのカキしょうゆ麹煮

材料　2人分

むきエビ …… 10匹
長ネギ …… 1本〜1本半
ニンニク …… 1片
ショウガ …… 5g
植物油 …… 大さじ1
酒 …… 大さじ1
水 …… 200ml
カキしょうゆ麹 …… 大さじ2

作り方

1 エビは背ワタをとり、長ネギは2cmくらいの長さに切る。ニンニク、ショウガは薄切りに。

2 鍋に油を入れて中火にかけ、長ネギを入れて焼き目をつける。

3 2に1のニンニクとショウガ、エビを入れ、酒と水を加え、カキしょうゆ麹を溶き混ぜる。中火のまま沸騰させ、好みの味の濃さになるまで煮詰めたら、できあがり。

まろやかな卵とカキしょうゆ麹が合う

大人の卵焼き

材料　2人分

卵 …… 3個
米粉（または片栗粉）…… 大さじ2
塩 …… 1g
植物油 …… 大さじ2
カキしょうゆ麹 …… 大さじ1と1/2
A
　ケチャップ …… 大さじ2
　酢 …… 小さじ2
　砂糖 …… 小さじ1

作り方

1 卵をボウルに割り入れて溶きほぐし、米粉と塩を加えて混ぜる。

2 フライパンに油を入れて中火にかけ、油を全体に広げる。温まったら1の卵を流し入れて全体に広げ、卵の表面が固まってきたら、手前半分にカキしょうゆ麹をのせ、スプーンで塗るようにして広げる（写真）。

3 フライパン返しなどを使って、卵を半分に折る。途中でひっくり返し、両面に焼き色がついたら火を止める。食べやすい大きさに切って、器に盛る。

4 Aの材料を混ぜ合わせ、小皿に入れてソースとして添える。

煮魚の味がぴたりと決まる

サバのショウガ煮

材料　2人分

サバ …… 半身1枚
ショウガ …… 10g
カキしょうゆ麹 …… 大さじ3
みりん …… 大さじ2
水 …… 500ml（ひたひたになる量）

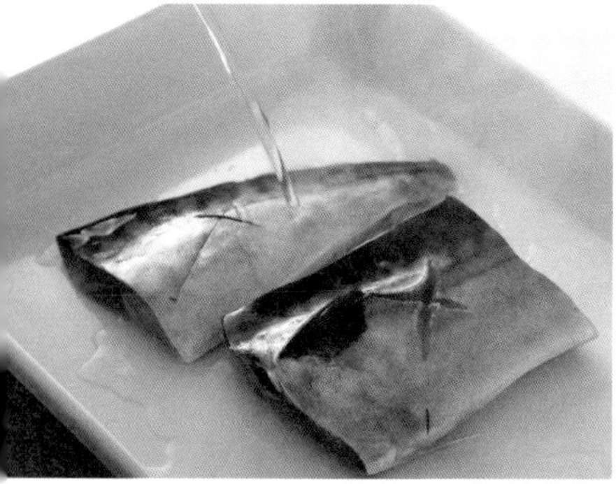

作り方

1 サバ半身を2等分に切り、皮目に十字に切り込みを入れる（3で煮汁をよく染み込ませるため）。皮目を上にしてザルやバッドにのせ、上から熱湯をかける（写真）。このひと手間で、魚の生臭さが消える。

2 ショウガは薄切りにする。カキしょうゆ麹はみりんで溶いておく。

3 鍋に1のサバ、2のショウガ、みりんで溶いたカキしょうゆ麹を入れ、水をひたひたになるまで加えて中火にかける。サバに火が通り、好みの味の濃さになるまで煮詰めてできあがり。

モヤシが味わい豊かなごちそうに。炒め方がポイント

ニラとモヤシのオイスター炒め

材料　２人分

ニラ …… １束
モヤシ …… １袋
植物油 …… 大さじ3
カキしょうゆ麹 …… 大さじ1

作り方

1 ニラは5 cm ほどの長さに切る。

2 フライパンに油を入れて火にかけ、温まったらモヤシを入れ、強火で炒める。

3 モヤシに焼き色がついてきたらニラを加え、全体に油がなじむように強火で炒め続ける。ニラがしんなりしたらカキしょうゆ麹を入れ、フライパンをゆするようにして全体をよく混ぜる。モヤシから出る水分を油としっかり混ぜて乳化させるのが、おいしく仕上げるコツ。ほどよく味がからんだらできあがり。

カキしょうゆ麹＋みりんで、ごはんがすすむもう1品

半熟卵のカキしょうゆ麹漬け

材料　卵２個分

卵……２個
A
- 水……大さじ４
- みりん……大さじ２
- カキしょうゆ麹……大さじ３

塩……ひとつまみ

作り方

1 鍋にたっぷりの湯（分量外）を加熱し、沸騰したらお玉で卵をそっと入れ、７分ゆでたら卵をとり出し、冷水で冷ます。完全に冷めたら殻をむいてジップバッグなどに入れる。

2 鍋にAを入れ、ひと煮立ちさせたら火を止め、塩を加えて、そのまま冷ます。

3 ２が冷めたら１の卵の入ったジップバッグに入れる。空気を抜いて卵全体が汁に浸かるようにし、冷蔵庫で１～２日寝かせて味を染み込ませる。

カキの旨みがジュワッと染みる

シイタケの旨煮

材料　２人分

シイタケ……1パック（4～5個くらい）
長ネギ……1/4本
植物油……大さじ2
A
- カキしょうゆ麹……大さじ2
- みりん……大さじ1
- 水……300ml

作り方

1 シイタケは、軸をはずして底の固い石づき部分は切り落とし、手でさく。傘の部分は十字に包丁を入れて４等分にする。長ネギはみじん切りに。

2 鍋に油を敷き、弱めの中火にかけ、１のシイタケを全部入れて、焼き目がつくまで炒める。

3 ２の鍋にAと長ネギを入れて沸騰させ、火を少し弱めて５分ほど煮る。

4 火を止めてそのまま冷まし、味を含ませて、器に盛る。

チキン麹

鶏の旨みをギュギュッと濃縮。常備必須！

保存
冷蔵で約6か月

材料　約250ｇ分

鶏ひき肉 …… 130ｇ
米麹 …… 100ｇ
植物油 …… 大さじ1
水 …… 20㎖
塩 …… 30ｇ

作り方

1 炒める　鍋に油を入れ、鶏ひき肉を炒めてしっかり火を通し、60度以下に冷ます。

2 混ぜる　米麹と塩、水、1をよく混ぜる。

3 発酵熟成　ジップバッグなどに入れ、発酵器などで60度で8時間、発酵熟成させる。

※発酵器を使わない発酵法はP16〜17参照のこと。

使い方のアイデア

●ヘルシーなチキンだし

鶏ひき肉の食感そのままの、チキンだし。市販の顆粒やペースト状の鶏ガラスープのもとと同じように使ってみて。野菜と合わせるだけで食べ応えある主菜に。

●具が入っているから使いやすい!

味付け調味料として使えるうえに、鶏ひき肉が入っているから、これだけで満足度バツグン。片栗粉でとろみをつければ。鶏そぼろあんのようにも使えます。湯に溶かして野菜を加えれば具のあるスープに。

鶏肉の選び方

鶏ひき肉は、鶏むね肉でも鶏もも肉でもOK。よりこっくりした味にしたいときは脂分の多い鶏もも肉で、さっぱり味でかつカロリーをおさえたいときは、鶏むね肉や鶏ささみがおすすめです。

シャキッと香ばしいレンコンを、とろ～り鶏そぼろあんが包みこむ

レンコンあんかけソテー

材料　２人分

レンコン …… 150g
植物油 …… 大さじ１
チキン麹 …… 大さじ１
水 …… 100ml
水溶き片栗粉 …… 片栗粉大さじ１
　＋水大さじ１
こしょう …… 適宜

作り方

1 レンコンは皮つきのまま１cm厚さの輪切りにし、好みの大きさに手で折る。

2 フライパンに油を入れて中火にかけ、１のレンコンを入れる。焼き色がついてきたら、チキン麹と水を加え、混ぜながら炒める。

3 水溶き片栗粉を入れて混ぜ合わせ、とろっとした状態になったら火を止める。こしょうをふってできあがり。

ごはんに合う！　ラーメンや焼きそばの具にも最適

青菜のオイル煮

材料　２人分

青菜 …… 適量（小松菜なら3〜4株、チンゲンサイなら2株ぐらいの量）
ニンニク …… １片
植物油 …… 大さじ4
チキン麹 …… 小さじ１
酒 …… 大さじ２
塩・こしょう …… 適宜

作り方

1　青菜は根の固い部分をとりのぞき、３cm長さに切る。ニンニクは縦半分に切り、厚めの薄切りに。

2　フライパンに油を入れて中火にかけ、１のニンニクを入れる。香りが出たら、青菜を芯の方から順に入れ、全体に油が回るように炒める。

3　チキン麹と酒を加え、蓋をして弱火にする。蒸気があがってきたら蓋をあけ、水分を軽く飛ばすように炒め、青菜がしんなりしたら塩・こしょうで味をととのえ、火を止める。汁ごと器に盛る。

栄養満点、誰もがよろこぶやさしい味わい

カボチャの煮物

材料　2人分

カボチャ …… 1/4個（約350g）
水 …… 600ml
チキン麹 …… 大さじ2
しょうゆ …… 小さじ1
塩 …… 適宜

作り方

1 カボチャはタネとワタをとりのぞき、ひと口大に切る。

2 鍋に水、カボチャ、チキン麹、しょうゆを入れて中火にかけ、沸騰したら弱火にし、カボチャに竹串がスッと入るまで煮る。味を見て、薄い場合は塩でととのえる。

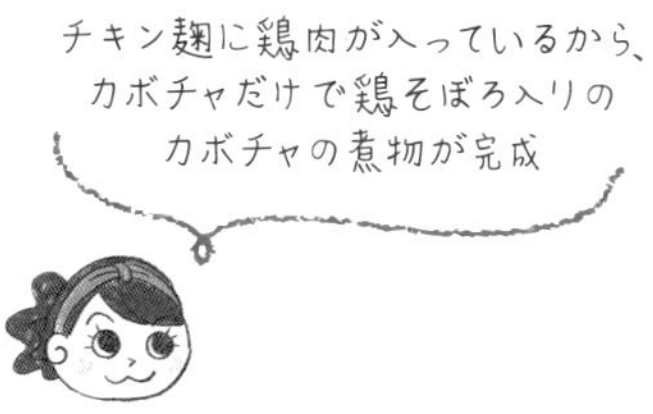
チキン麹に鶏肉が入っているから、
カボチャだけで鶏そぼろ入りの
カボチャの煮物が完成

ベーシックな旨みに、エキゾチックな香りを足して

パプリカのチキン麹クミン炒め

材料　2人分

赤パプリカ …… 大1個
ニンニク …… 1片
植物油 …… 大さじ2
クミンホール
　…… 小さじ1ぐらい（好みで）
チキン麹 …… 小さじ1

作り方

1 パプリカはヘタの部分を切り落とし、縦に半分に切ってタネとワタをとり、ひと口大に切る。ニンニクはみじん切りにする。

2 フライパンに油を入れ、1のニンニクとクミンを入れて弱火にかけ、香りを出す（クミンが焦げないように注意する）。

3 香りが立ったら1のパプリカを入れ、中火にして、少ししんなりするまで炒める。

4 3にチキン麹を加えて混ぜ炒める。パプリカのしゃっきり感が残る程度で火を止め、皿に盛る。

いつもの煮物を、さらにおいしく

ひじきと大豆のチキンだし煮

材料　大豆水煮缶1缶分

ひじき（乾燥）…… 10g
大豆水煮 …… 約150g
ニンジン …… 1/2本
植物油 …… 大さじ1

A
チキン麹 …… 大さじ2
みりん …… 大さじ2
しょうゆ …… 小さじ1
水 …… 400ml

作り方

1 ひじきはたっぷりの水で戻し、長い場合は2cmくらいに切る。大豆は缶からあけて水を切り、軽く洗う。ニンジンはイチョウ切りにする。

2 鍋に油を入れて弱めの中火にかけ、ニンジン、ひじき、大豆の順に入れて炒める。

3 ニンジンに軽く火が通ったら、Aをすべて入れて中火で煮立たせる。煮立ったら火を弱め、汁気が半分くらいになったら味を見て、煮詰め具合を調整する（煮汁が1/3くらいになるまで煮詰める）。火を止めて冷ましながら味を染み込ませる。

3分で作れる絶品！

チキン麹のエノキバター

材料　エノキダケ１袋分

エノキダケ …… １袋
バター …… 20g
万能ネギ …… ５cm分
チキン麹 …… 小さじ２
水 …… 大さじ１
塩・こしょう …… 適宜

作り方

1 エノキダケは石づきを切り落とし、２cmくらいの長さに切る。軸は手でばらす。万能ネギは小口切りに。チキン麹は水で溶いておく。

2 フライパンにバター、エノキダケを入れ、弱めの中火にかけ、全体にバターがからむように炒める。エノキダケに焼き色がつきはじめたら、１のチキン麹を入れ、水分が飛ぶまで炒める。塩・こしょうで味をととのえて火を止め、万能ネギを入れて軽く混ぜる。

麹調味料をもっと使いやすく！

保存と使い方のコツ

本書で紹介している麹調味料は全部で12種。まずは、気になったものから作ってみましょう。保存法や使いやすいアイデアを紹介します。

名前をつけて冷蔵保存

複数の麹調味料を作ったら、わかりやすく保存しましょう。作ったら、マスキングテープなどでかならず名前をつけておくこと。

ジップバッグのままでもよいですが、ガラス製やプラスチック製の容器に移して保存するのがおすすめです。百円ショップでも入手できますが、選ぶときは、重ねられるものが使いやすいでしょう。

名前をつけて冷蔵しておくと、すぐ使えてとても便利。

麹調味料は少量ずつ使う

麹調味料には、保存性を高めるために塩が入っています。そのままなめると塩味が強いのはそのためです。料理に使うときは、少量ずつ使い、味を見て、使う量を増やしていくのが失敗しないコツ。はじめから多く入れすぎるとしょっぱくなるので注意しましょう。

麹の粒が気になるときは

麹は米からできているので、麹調味料には米の粒が残っています。この粒があまり好きではない、という人もいるでしょう。そんなときは、米麹をあらかじめ包丁で刻んだり、フードプロセッサーにかけておくと、なじんで使いやすくなります。乾燥麹は戻してから刻むようにしましょう。

また、できあがった麹調味料をなめらかに仕上げたいときも、フードプロセッサーにかけるのがおすすめです。

米麹をあらかじめフードプロセッサーにかけてから仕込むと、なめらかな仕上がりに。

麹調味料が固いときはゆるめる

麹調味料のできあがりが、固めになることがあります。麹や食材の水分量はいろいろなので、分量通りに作っても、仕上がりはいろいろです。固いと調理のときに溶けにくいので、使う前にゆるめておくのがおすすめです。

直前に使うなら水や湯で、あらかじめゆるめて保存したい場合は、酒やみりんでのばしておきましょう。豆豉みそ麹などは、紹興酒でのばしても。

固いときは酒やみりん、水などの液体を1対1を目安に加える。

よく混ぜて溶いておくと、使い勝手がよい。

Part 2

麹と数種の食材で作る！

万能麹調味料8種

キノコ麹
チリトマト麹
エビパクチー麹
ベジブイヨン
豆豉みそ麹
豚ニラ麹
ペペロン麹
アサリおかか麹

ベジブイヨン

香味野菜とキノコと麹。味のベースを作る万能だし

保存
冷蔵で約6か月

材料　約350g分

玉ネギ …… 50g
ニンジン …… 50g
セロリ …… 50g
マッシュルーム …… 50g
米麹 …… 130g
塩 …… 40g
植物油 …… 大さじ3

作り方

1 切る 玉ネギ、ニンジン、セロリ、マッシュルームはみじん切りにする。

2 炒める 鍋に油を入れ、１を５分ほど弱めの中火で焦がさないように炒め、火を止めて60度以下まで冷ます。

3 混ぜる ボウルなどに米麹と塩を入れて混ぜ、２を加えてよく混ぜる。

使い方のアイデア

●煮込み料理・パスタ・サラダなどに
顆粒ブイヨンのかわりに、煮込み料理やパスタソース、サラダまで、あらゆる料理に使えます。ハンバーグのタネに混ぜたり、チャーハンの具にも。旨みは強いのに穏やかでホッとする味なので、子どもからシニアまで大満足です。

●スープがすぐできる
湯に溶かせば深い味わいのスープが完成。具をアレンジするとさまざまなスープが超簡単に作れます。

肉も魚も使わない
驚きの濃厚ブイヨン。
史上最強のスープのもと！

4 発酵熟成 ジップバッグなどに入れ、発酵器などで60度で８時間、発酵熟成させる。
※発酵器を使わない発酵法はP16～17参照のこと。

ホッとするおいしさ。焼いたブロッコリーがアクセントに

鶏もも肉とブロッコリーの蒸し焼き

材料　2人分

鶏もも肉 …… 1枚（約250〜300g）
ベジブイヨン …… 大さじ1
ブロッコリー …… 1房
植物油 …… 大さじ1
バター …… 10g
酒（または白ワイン、水でもよい）
…… 大さじ4
塩・こしょう・ベジブイヨン
…… 適宜

作り方

1 鶏もも肉はぶつ切りにし、ベジブイヨンをまんべんなくまぶして15〜30分ほどおく（ひと晩おいてもよい）。ブロッコリーは小房に分ける。

2 フライパンに油を敷き、鶏肉を皮目を下にして入れ、弱めの中火で焼く。途中ひっくり返しながら両面に焼き目をつけ、ブロッコリーを加える。

3 鶏肉とブロッコリーに焼き目がついたら、バターを加え、酒を入れて蓋をし、火を少し弱めて蒸し焼きにする。

4 鶏肉に火が通ったら、蓋をとって強火にし、水分を飛ばす。味を見ながらベジブイヨンを適宜追加し、塩・こしょうでととのえる。

野菜の旨みが詰まったベジマリネ２種

焼きナスのマリネ

材料　２人分

ナス …… ２本
トマト …… １個
玉ネギ …… 小１個
植物油 …… 大さじ４
A
- 酢 …… 大さじ２
- 砂糖 …… 小さじ２
- ベジブイヨン …… 大さじ２
- レモン汁 …… 1/2個分

塩・こしょう …… 適宜

作り方

1 ナスはヘタをとり、縦に４等分に切る（水にはつけない）。トマト、玉ネギはみじん切りにする。

2 鍋に油を入れて弱めの中火にかけ、温まったら１のナスを入れ、素早く混ぜて油をからませる。両面に焼き色がついたら、玉ネギ、トマトを加え、軽く炒める。

3 Ａを合わせて２の鍋に加え、弱めの中火で炒め煮し、水分が飛んだら軽く混ぜ、火を止める。塩・こしょうで味をととのえる。

豆のマリネ

材料　豆の水煮缶1缶分

豆の水煮缶 …… １缶（150～200g）
玉ネギ …… １個
塩 …… ひとつまみ
A
- ベジブイヨン …… 大さじ２
- 酢 …… 100ml
- 砂糖 …… 小さじ３
- 植物油 …… 大さじ４

パセリ（好みで） …… 適宜
こしょう …… 適宜

作り方

1 マリネ液を作る。玉ネギはみじん切りにし、ボウルに入れて塩ひとつまみをふり入れ、軽く混ぜ、Ａを加えて混ぜる。

2 豆は缶から出して軽く洗い、水気を切って１に混ぜる。ジップバッグや保存容器に入れ、全体がマリネ液に浸るようにして、冷蔵庫で冷やす。食べる直前に、みじん切りにしたパセリ、こしょうを加えて混ぜる。

ポトフ風スープ

材料　２人分

ジャガイモ …… 中１個
ニンジン …… １本
マッシュルーム …… ４個くらい
キャベツ …… 1/6個
水 …… 500ml
ベジブイヨン …… 大さじ２

作り方

1 ジャガイモは皮をむき、ひと口大に切る。ニンジンは１cmの輪切り、マッシュルームは縦に厚く切る。キャベツ1/6個はくし形に半分に切る。

2 １をすべて鍋に入れ、分量の水のうち100ml分と塩ひとつまみを加え、蓋をして弱火で煮る。野菜に火が通ったら、残りの水とベジブイヨンを入れ、蓋をあけてひと煮立ちさせたら、できあがり。

焼きネギのスープ

材料　２人分

長ネギ …… ２本
レタス …… 1/4個
ゴマ油 …… 大さじ２
水 …… 500ml
ベジブイヨン …… 大さじ２
白ゴマ …… 適宜

作り方

1 長ネギは２cm長さに切る。レタスはひと口大に。

2 鍋にゴマ油を入れ、長ネギを横に並べて弱めの中火にかける。焼き色がついたらレタスを入れ、さっと炒める。水とベジブイヨンを加え、ひと煮立ちさせたら火を止める。器に注ぎ、白ゴマをふる。

スーラータン風スープ

材料　２人分

シイタケ …… ２個（薄切り）
長ネギ …… １本（斜め薄切り）
ニンニク …… １片（みじん切り）
ショウガ …… 10g（みじん切り）
植物油 …… 大さじ１
水 …… 500ml
ベジブイヨン …… 大さじ２
酢 …… 大さじ２
しょうゆ …… 小さじ１
卵 …… １個
水溶き片栗粉 ……片栗粉大さじ１＋水大さじ１
ラー油（好みで）…… 適宜
白ゴマ …… 適宜

作り方

1 鍋に油を入れ、ニンニク、ショウガを弱めの中火で炒める。香りが出たら長ネギ、シイタケを加えて炒め、油が全体に回ったら、水、ベジブイヨン、酢、しょうゆを加えて中火で煮立たせる。

2 ボウルに卵を割り入れてほぐし、水溶き片栗粉を加え混ぜ、煮立った１に回し入れる。卵が固まったら火を止め、ラー油で好みの辛さに味をととのえる。器に注いで白ゴマをふる。

キノコのスープ

材料　２人分

エリンギ …… １本
マイタケ …… 50g
マッシュルーム …… ４個くらい
バター …… 10g
塩 …… ひとつまみ
水 …… 500ml
ベジブイヨン …… 大さじ２

作り方

1 エリンギの軸の部分は輪切りに、傘の部分は食べやすい大きさに手でさく。マイタケは小分けにし、マッシュルームは薄切り。

2 鍋にバターと１を入れ、塩ひとつまみ、分量の水から大さじ４杯分を加え、蓋をして弱火にかける。キノコ類の水分が出てきたらベジブイヨンと残りの水を入れ、ひと煮立ちさせたらできあがり。

カボチャのポタージュ

材料　２人分

カボチャ
…… 1/4個（350gくらい）
ベジブイヨン …… 大さじ２
水 …… 500ml
パセリ（好みで） …… 適宜

作り方

1 カボチャはタネとワタをとり、ひと口大に切る。皮はむく。

2 鍋にカボチャ、ベジブイヨン、水を入れて中火にかけ、煮立ったら火を弱め、カボチャを木ベラで崩しながら煮る。全体に煮崩れたら、器に注ぎ、パセリをのせる。

オニオンスープ 焼きパンのせ

材料　２人分

玉ネギ …… 大２個
ニンニク …… １片
植物油 …… 大さじ１
ベジブイヨン …… 大さじ２
水 …… 400ml
パセリ …… １本（みじん切り）
食パン（トーストして焼き色をつける）
…… 適量

作り方

1 玉ネギは薄切りにする（水にさらさない）。ニンニクはみじん切りに。

2 鍋に油とニンニクを入れ、弱めの中火にかける。香りが出たら玉ネギを加えて炒め、ほんのり茶色くなったらベジブイヨンを加える。水を入れてひと煮立ちさせ、弱火で５分煮る。みじん切りにしたパセリを加え、火を止める。

3 器にスープを注ぎ、トーストを浮かべる。

※6種のスープともに仕上げに塩・こしょうで好みの味にととのえる。

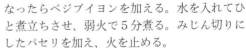

キノコ麹

深みのある味わい、食べ応えあるひと皿を作りたいときに

保存
冷蔵で
約6か月

材料 約230g分

キノコ（エノキダケ・マイタケ・シメジをミックス）…… 100g
米麹 …… 100g
塩 …… 30g

作り方

1 切る　キノコは石づきをとって計量し、みじん切りにする。フードプロセッサーを使ってもOK。

2 混ぜる①　ボウルなどに米麹と塩を入れて混ぜる。

使い方のアイデア

●のっけごはんもすぐできる

キノコと麹のチカラで、クセがないのに複雑なコクがある「だし」です。野菜はもちろん、肉や魚とも相性ばっちり。洋風でも和風でも食べ応えあるメインディッシュが作れます。煮る、和える、焼くだけでなく、ピラフや混ぜごはんにも！

●パスタソースや肉、卵料理にも

キノコの素材感を活かしつつ、バターや生クリームと合わせれば、パスタソースやステーキソースなどに。スープやオムレツの具の味付けに使うと、ほっこりした味わいに。

キノコ麹とベジブイヨンは、
どんな洋風料理にも合う！
ホントに万能

3 混ぜる②　2に1を加えてさらによく混ぜる。

4 発酵熟成　ジップバッグなどに入れ、発酵器などで60度で8時間、発酵熟成させる。

※発酵器を使わない発酵法はP16〜17参照のこと。

短時間で本格煮込み料理の味わい。これぞキノコ麹の力！

牛肉とエリンギのストロガノフ風

材料　2人分

牛薄切り肉 …… 300g
玉ネギ …… 1個
エリンギ …… 2本
ニンニク …… 1片
バター …… 30g
酒（または白ワイン）…… 大さじ2
A
- キノコ麹 …… 大さじ2
- トマトペースト …… 15g
- ウスターソース …… 大さじ1
- 水 …… 300ml

パセリ（好みで）…… 適宜
塩・こしょう …… 適宜
温かいごはん …… 2膳分

作り方

1 玉ネギは縦半分にして、薄切りにする。エリンギは縦に薄切りにして2〜3cmの長さに切る。ニンニクは薄切り、牛肉はひと口大に切る。

2 深めの鍋にバターを入れて中火にかけ、溶けてきたらニンニク、玉ネギ、エリンギを入れて炒める。牛肉を加え、酒をふり入れ、混ぜながら炒める。

3 Aの材料を2の鍋に加えてひと混ぜし、蓋をして弱火で10分ほど煮込む。

4 全体に火が通ったら蓋をとり、水分を飛ばし、とろりとしたらできあがり。みじん切りにしたパセリを加え、塩・こしょうで味をととのえる。

5 器にごはんを盛り、4をかける。

淡い味の素材に、キノコ麹のコクをからめて

カジキマグロとズッキーニのっけごはん

材料　2人分

カジキマグロ …… 2切れ
ズッキーニ …… 1本
赤玉ネギ（玉ネギでも可）…… 小1個
ニンニク …… 1片
キノコ麹 …… 大さじ2
植物油 …… 大さじ1
こしょう …… 少々
温かいごはん …… 2膳分

作り方

1 カジキマグロは1cm角に切る。ズッキーニ、赤玉ネギも1cm角に切る。ニンニクは薄切りに。

2 フライパンに油を入れて中火にかけ、ニンニクを入れて香りが出たら、1の具をすべて入れ、キノコ麹を加えて混ぜ合わせるように炒める。全体に火が通ったら、こしょうで味をととのえる。

3 器にごはんを盛り、2をのせる。

コーンとバターとキノコ、黄金の組み合わせ！　好みの食材でバリエーションも

コーンピラフ

材料　米2合分

米 …… 2合
水 …… 適量
コーン缶 …… 1缶
キノコ麹 …… 大さじ2
バター …… 10g
パセリ（好みで）…… 適宜

作り方

1 米は洗って炊飯器に入れ、分量の水に30分ほど浸けておく。コーンは缶から出してザルにあげ、水気を切る。

2 炊飯器の米の上に、1のコーン、キノコ麹、バターの順にのせて、炊く（写真）。

3 炊きあがったら蓋をあけ、お米を切るようにして全体を軽く混ぜ、蒸気が透明になるまでそのままにしておく（蒸気が透明になったら蓋を閉めて保温）。器に盛り、みじん切りにしたパセリなどを彩りにのせる。

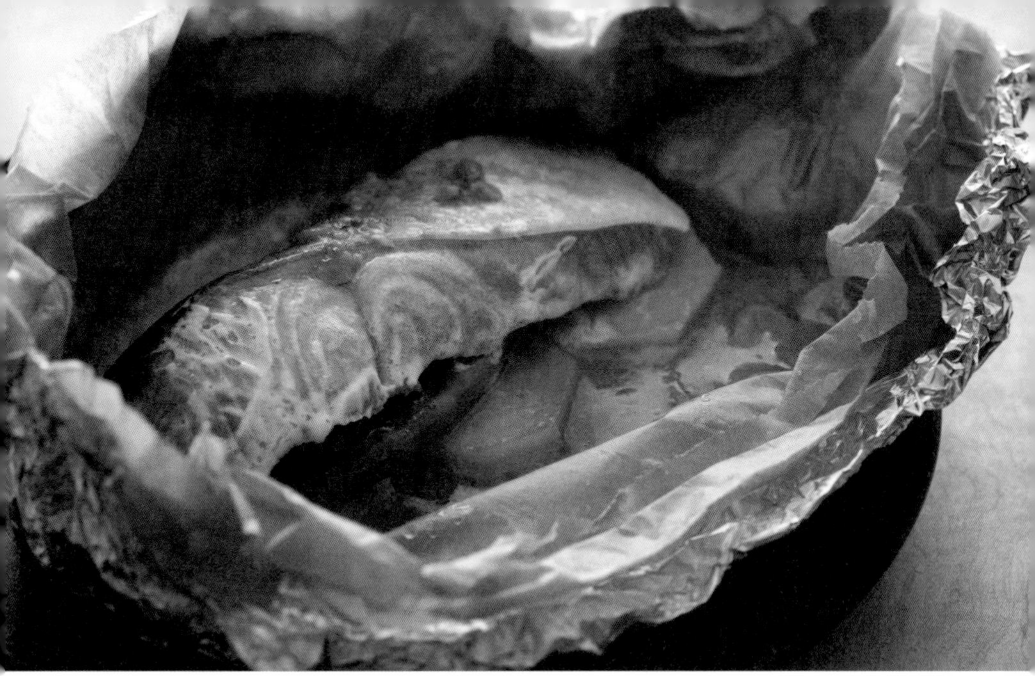

キノコの香りが味わいを増します

ジャガイモとサケのホイル焼き

材料　2人分

ジャガイモ …… 1個
インゲン …… 6本
サケ …… 2切れ
キノコ麹 …… 小さじ1×2
バター …… 10g×2
※アルミホイル、クッキングシート …… 適量

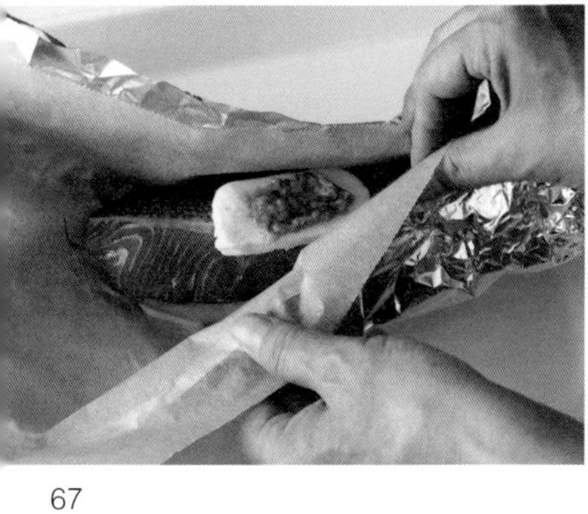

作り方

1 サケ1切れを包める大きさのアルミホイル（30cm四方ぐらいを2枚）と、クッキングシート（ホイルよりひと回り小さいサイズ2枚）を用意する。

2 ジャガイモは皮をむいて0.5cmほどの輪切りにし、インゲンはヘタと筋をとる。

3 アルミホイルを敷き、クッキングシートをのせ、いずれも分量の1/2のジャガイモ、インゲン、サケの順に重ねる。その上に分量の1/2のバター、キノコ麹をのせ、アルミホイルで包み込む（奥と手前の端を真ん中で合わせて折り込む。両端はねじる）（写真）。

4 フライパンに2つのホイル包みを並べ、半分ぐらいの高さまで水（分量外）を入れ、蓋をして蒸し焼きにする。途中で中の様子を見て、サケの中まで火が通っていたら、火を止める。包みのまま皿にのせる。

豆《トウ》鼓《チ》みそ麹

3つの発酵食材で風味とコクを増します。油との相性もバツグン

保存

冷蔵で約1年

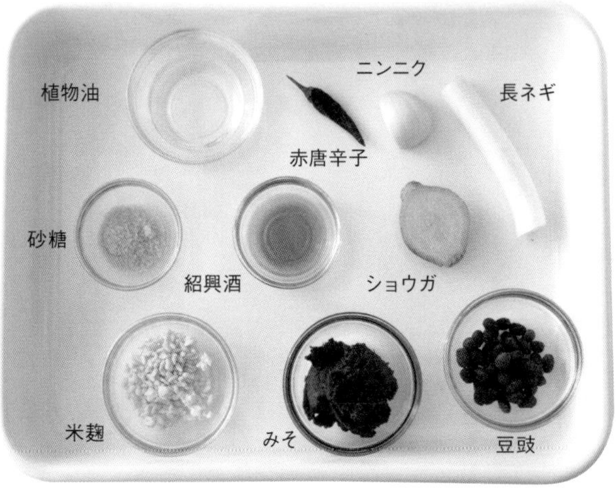
植物油
ニンニク
長ネギ
赤唐辛子
砂糖
紹興酒
ショウガ
米麹
みそ
豆鼓

材料 約120g分

A
- 豆鼓 …… 15g
- 長ネギ …… 15g
- ショウガ …… 15g
- ニンニク …… 15g

赤唐辛子 …… 1本

B
- みそ(色が濃い辛口がおすすめ) …… 40g
- 紹興酒(または日本酒) …… 大さじ1
- 砂糖 …… 小さじ1

米麹 …… 大さじ1

植物油 …… 大さじ1と1/2

作り方

1 切る　Aはみじん切りにする。赤唐辛子はヘタとタネをとってキッチンバサミで輪切りにする。

2 混ぜる　Bを混ぜておく。

3 炒める　鍋に油を入れてAと赤唐辛子を炒める。香りがたってきたらBを加えて混ぜ、ぐつぐつしたら火を止め、60度以下に冷ます。

4 発酵熟成　3に米麹を混ぜる。そのまま冷蔵で発酵熟成させる。翌日から使えるが、時間とともにコクが増す。

使い方のアイデア

●あらゆる中華料理の味付けに！
炒め物などに入れるだけで、コクや風味が出る鉄板調味料。中華料理の味付けに大活躍します。油と炒めることで香りがグンとアップ。

豆豉は黒豆に麹や塩などを加えて発酵させた中華食材。みそや薬味をプラスした使いやすい中華麹です

こってり味の調味料なので、マヨネーズと合わせてマイルドにしたり、豆腐など淡白な素材に合わせても

豆豉みそ麹は中華の炒め物に最適！ 豚肉とも絶妙に合う！

回鍋肉（ホイコーロー）

材料　２人分

豚バラ薄切り肉 …… 100g
キャベツ …… 1/4個
ピーマン …… 3個
A
- 豆豉みそ麹 …… 大さじ1
- みりん …… 大さじ2
- 砂糖 …… 小さじ1

植物油 …… 大さじ2

作り方

1 キャベツは２cm角ぐらいに切る。ピーマンはヘタとタネをとり、縦半分にして１〜２cm幅に縦に切る。豚バラ肉はひと口大に切る。

2 ボウルにAを混ぜておく。

3 フライパンに油を入れて強火にかけ、豚肉とキャベツを入れて炒める。火が通ったら２を加えて混ぜ、ピーマンを加え、水分が飛ぶまで強火のまま炒めてできあがり。

豆豉みそ麹ひとつで味が決まる。辛さは好みで調節可能

麻婆ナス

材料　２人分

豚ひき肉 …… 100g
ナス …… ２本
長ネギ …… 1/2本
植物油 …… 大さじ４
豆豉みそ麹 …… 大さじ２
水 …… 100ml
しょうゆ …… 適宜
ラー油（好みで）…… 適宜
水溶き片栗粉 …… 片栗粉 大さじ１ ＋ 水大さじ１

作り方

1 ナスは１cm幅ほどの輪切りにし、水に浸す。長ネギは薄い輪切りにする。

2 フライパンに油を入れて強火で熱し、長ネギと豚ひき肉を入れて炒める。肉の脂が出てきたら１のナスの水気をとって加え、すばやく混ぜて油をからめ、全体になじむよう炒める。

3 豆豉みそ麹を加え、水100mlを入れて混ぜ合わせ、ひと煮立ちさせる。

4 ナスがしんなりして全体に火が通ったら、しょうゆ、ラー油などで味をととのえる。

5 水溶き片栗粉を回しかけ、とろりとするまで炒めたら、できあがり。

豆豉とゴマ油の風味が食欲をそそる、素材を味わうカレー

中華風キーマカレー

材料　2人分

豚ひき肉 …… 300g
玉ネギ …… 1個
ピーマン …… 3個
コーン缶 …… 適量
カレー粉 …… 大さじ1
ゴマ油 …… 大さじ1
A｜豆豉みそ麹 …… 大さじ1
　｜みりん …… 大さじ1
水 …… 150ml
温かいごはん …… 2膳分
黒こしょう …… 適宜
らっきょう漬け（好みで） …… 適宜

作り方

1 玉ネギ、ピーマンは1.5cmの角切りに。コーンは缶から出し、ザルにあげて水気を切る。Aは混ぜておく。

2 鍋にゴマ油を敷き、豚ひき肉を入れ、弱めの中火で炒める。1の玉ネギ、ピーマン、コーンを加え、全体的に火が通るまで炒める。

3 Aを加えて混ぜ、水150mlを入れて中火にする。沸騰したら弱火にして、水分が飛ぶまで5分くらい、混ぜながら煮て、火を止める。

4 器の中央にご飯を盛り、3を周りにかける。好みで黒こしょうをふり、らっきょうを添える。

みんな大好きポテトサラダ。豆豉みそ麹とふんわり卵でランクアップ！

大人のポテサラ

材料　2人分

ジャガイモ …… 2個
玉ネギ …… 1/2個
キュウリ …… 1本
卵 …… 2個
塩 …… 少々
豆豉みそ麹 …… 小さじ1
マヨネーズ …… 大さじ3
白ゴマ …… 適宜

作り方

1 ジャガイモは皮をむき、ひと口大に切る。玉ネギは大きめのみじん切りに。

2 鍋に1のジャガイモと玉ネギ、かぶるぐらいの水（分量外）を入れて火にかけ、沸騰させて火が通るまでゆでる。

3 ゆでている間に、キュウリを薄切りにしてボウルに入れ、塩少々をふっておく。

4 別のボウルに卵を割って溶きほぐし、煮立った2に流し入れ、箸でふわりとかき混ぜる（写真）。火が通ったら、湯をこぼして具材のすべてをザルにあげ、水気を切る。

5 ジャガイモを鍋に戻して弱火にかけ、マッシャーなどでつぶしながら、水分を飛ばす。火からおろして冷ます。

6 粗熱がとれたら、4でザルにあげた玉ネギ、卵、3のキュウリの水気を絞って加え、豆豉みそ麹、マヨネーズを加えて混ぜる。器に盛り、ゴマをふる。

豚ニラ麹

餃子好きが考えた、簡単便利な素材調味料

保存
冷蔵で
約6か月

材料 約250g分

豚ひき肉 …… 100g
ニラ …… 20g
ショウガ …… 10g
ゴマ油 …… 大さじ1と1/2
米麹 …… 100g
塩 …… 20g
しょうゆ …… 大さじ1

作り方

1 切る　ニラとショウガをみじん切りにする。

2 炒める　鍋にゴマ油を入れて1を中火で炒め、香りが出てきたら豚ひき肉を加えて炒める。しっかり火が通ったら火を止めて、60度以下に冷ます。

3 混ぜる　米麹と塩、2を合わせ、しょうゆを加えて混ぜる。

使い方のアイデア

●餃子などの点心もおいしくできる!
豚ひき肉＋ニラ＋麹で旨みを引き出した麹調味料。さらに料理の際、追いひき肉することで、複雑な旨みと食感を楽しめます。

●チャーハンや卵焼きに
具入りの麹調味料なので、チャーハンやあんかけ焼きそば、卵焼きの具などには、そのまま使えます。

餃子や焼売、春巻、
肉まんなどのあんを、
いつでも簡単においしく
作れるようにと考案した
調味料です

4 発酵熟成　ジップバッグなどに入れ、発酵器などで60度で8時間、発酵熟成させる。
※発酵器を使わない発酵法はP16～17参照のこと。

キャベツ焼売　P78

鶏とキュウリの水餃子　P78

ジャガイモとツナの春巻　P79

揚げ豚だんご　P79

鶏とキュウリの水餃子

材料　20個分

鶏ひき肉 …… 150g
キュウリ …… 1本
塩 …… 1g
豚ニラ麹 …… 小さじ1
ゴマ油 …… 大さじ1
餃子の皮 …… 20枚
白ゴマ（好みで） …… 適宜
万能ネギ（好みで） …… 適宜
ラー油（好みで） …… 適宜

＜ゆで汁＞

水 …… 2ℓ（1個につき約100ml）
豚ニラ麹 …… 10g（水の重量の0.5%）
塩 …… 適宜

作り方

1 キュウリは千切りにし、塩1gをふってしばらくおく。水分が出たら、水で洗って塩を落とし、ぎゅっと絞る。

2 ボウルに鶏ひき肉、1のキュウリ、豚ニラ麹、ゴマ油を入れて、ねばり気が出るまでよく混ぜる。

3 2のあんを20等分にし、餃子の皮で包む。

4 ゆで汁用の水と豚ニラ麹を鍋に入れ、強火にかける。沸騰したら3を入れ、火が通るまでゆでる。

5 器に盛り、好みで万能ネギ、ゴマ、ラー油を散らす（ゆで汁は塩で味をととのえ、スープにする）。

キャベツ焼売

材料　10個分

＜あん＞

A
- 鶏ひき肉 …… 150g
- 長ネギ …… 1/2本
- 豚ニラ麹 …… 小さじ1
- 片栗粉 …… 大さじ1

＜皮＞

キャベツ …… 1/2個
片栗粉 …… 大さじ1強

作り方

1 長ネギはみじん切りにする。キャベツは0.3cmくらいの千切りにする。

2 ボウルにAを入れ、ねばり気が出るまでよく混ぜる。

3 湯を沸かして1のキャベツをさっとゆでて、ザルにあげて粗熱をとる。水気を絞り、片栗粉大さじ1強を全体にまぶす（写真）。

4 2のあんを10等分にし、1個分ずつ丸めて3のキャベツをまわりにつけ、焼売の形にととのえる。

5 蒸し器にクッキングペーパーを敷いて、4の焼売を並べる。

6 蒸し器に合った大きさの鍋に湯（分量外）を沸かし、5の蒸し器をのせ、弱めの中火にして10分ほど蒸す。肉に火が通ったらできあがり。

揚げ豚だんご

材料　10個分

＜あん＞

豚ひき肉……100g
シイタケ……2個
長ネギ……1/2本
植物油……大さじ1
豚ニラ麹……小さじ1
しょうゆ……小さじ1

＜皮＞

もち粉……200g
水……150g

白ゴマ……適宜
植物油……適量

作り方

1 石づきをとりのぞいたシイタケと長ネギはみじん切りにする。

2 フライパンに油を入れて中火にかけ、豚ひき肉と1を入れて炒める。火が通ったら、豚ニラ麹、しょうゆを加え、混ぜながら炒める。火を止めて粗熱をとる。

3 皮を作る。ボウルにもち粉と水を入れて混ぜ、ひとまとめにし、10等分する。まな板を軽く濡らし、ラップを敷いたら、皮の1個分量をのせる。上からもラップで覆い、0.5cmほどの厚さに麺棒、あるいは手の平で押して指で伸ばしていく（右下写真）。

4 3の皮のまん中に2のあんを小さじ1量くらいのせて包み、丸める。指で持ちながら上下を平らにする。

5 フライパンに1cm高さまで油を入れ、中火に。温まったら4を入れ、弱めの中火にして両面に色がつくまでじっくり揚げ焼きする。器に盛り、ゴマをふる。

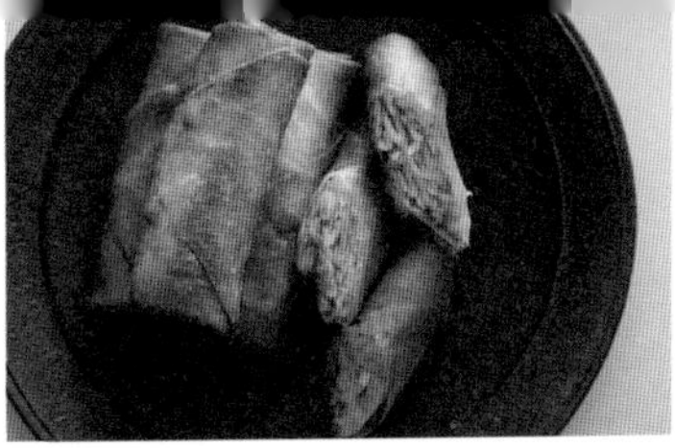

ジャガイモとツナの春巻

材料　10本分

ジャガイモ……3個（約200g）
ツナ缶……1缶
豚ニラ麹……小さじ2
片栗粉……小さじ1
春巻の皮……10枚
揚げ油……適量
酢じょうゆ（好みで）
……酢大さじ1＋しょうゆ大さじ1

作り方

1 ジャガイモは皮をむき（新ジャガの場合はそのまま）、スライサーまたは包丁で千切りにして、ボウルに入れる（水にはさらさない）。

2 油を切ったツナを1のボウルに入れ、豚ニラ麹、片栗粉を入れてよく混ぜる。水気がでたら手で軽く絞る。10等分にし、春巻の皮で包む。

3 170度の油で、表面がこんがりして中に火が通るまで揚げる。

4 器に盛り、酢じょうゆを添える。

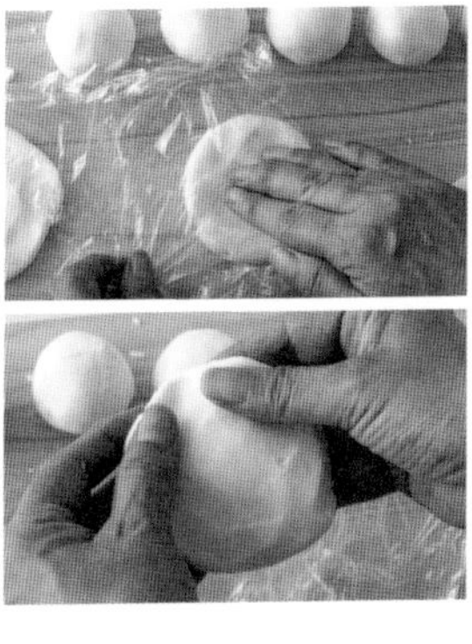

エビパクチー麹

いつでもパクチー、おうちでタイ料理！

保存
冷蔵で約6か月

材料　約180ｇ分

- パクチー …… 25ｇ
- エビ …… 70ｇ
- レモンの皮 …… 1個分
- 米麹 …… 70ｇ
- 塩 …… 20ｇ
- ナンプラー …… 大さじ1

作り方

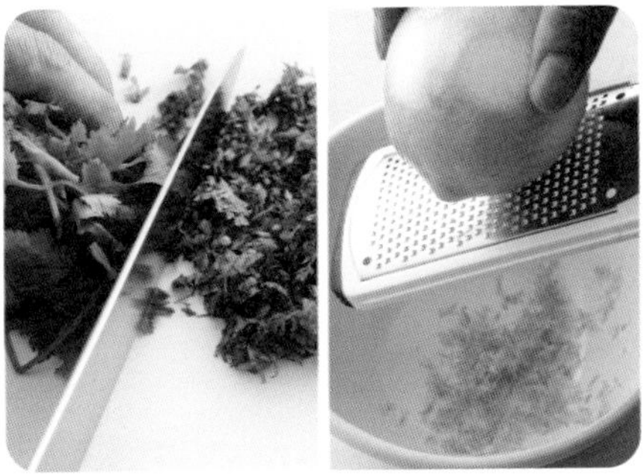

1 切る・すりおろす　パクチーはみじん切り、レモンの皮はすりおろす。

2 ゆでる・切る　エビは背ワタをとり、ゆでて粗熱をとってみじん切りに。

3 混ぜる　米麹と塩、1と2を合わせ、ナンプラーを加えてよく混ぜる。

使い方のアイデア

●たちまちアジアンテイストが完成！パクチー好き、タイ料理好きの人のためのアジアン万能調味料。焼く＆炒める味付けのほか、そのまま和えるだけでタイ風料理に変身します。

長期保存が難しいパクチーも
調味料にしておけば
いつでも使える

追いレモンしたり、
梅干しと合わせるなど
酸味との相性バツグンです

4 発酵熟成　ジップバッグなどに入れ、発酵器などで60度で８時間、発酵熟成させる。
※発酵器を使わない発酵法はP16～17参照のこと。

タイ東北部の酸っぱ辛いサラダを、青パパイヤの代わりに切り干し大根で

切り干し大根のソムタム

材料　2人分

切り干し大根 …… 40g
ニンジン …… 1/2本
キュウリ …… 1本
赤玉ネギ …… 1/2個
赤唐辛子（好みで） …… 1本
A
- エビパクチー麹 …… 大さじ2
- 酢 …… 大さじ4
- 砂糖 …… 大さじ1

作り方

1 切り干し大根は水で戻し、水気を絞る。ニンジン、キュウリは千切りに。赤玉ネギは薄切りにし、水につけてパリッとさせ、水気を切る。唐辛子はヘタをとり、輪切りにする。

2 Aの材料をボウルに合わせ、1の野菜と唐辛子を入れて和え、器に盛る。

ラオスやタイ東北部で食される肉のサラダ「ラープ」をエビパクチー麹でアレンジ

ラープ風サラダ

材料　2人分

豚ひき肉 …… 100g
赤玉ネギ …… 小1個
キャベツ …… 1/4個
ナッツ類（好みで） …… 適宜
植物油 …… 大さじ1
エビパクチー麹 …… 小さじ2
レモン …… 1/2個
（1/4はレモン汁に、1/4は飾り用に）
パクチー（好みで） …… 適宜
万能ネギ …… 適宜

作り方

1 赤玉ネギ、キャベツは千切りにし、水につけてパリッとさせ、水気を切る。ナッツ類は粗みじんに刻む。

2 フライパンに油を入れて中火にかけ、豚ひき肉を入れて炒める。火が通ったらナッツ類を加え、エビパクチー麹を入れて混ぜながら炒める。火を止めて、1/4個分のレモン汁を加える。

3 器にキャベツ、パクチー、2を盛り付け、小口切りにした万能ネギを散らし、レモンを添える。レモンを絞り、混ぜながら食べる。

味変イワシ焼き。青魚とパクチーの組み合わせが新鮮

イワシのエスニック焼き

材料　２人分

イワシ …… ４尾
（頭、内臓をとったもの）
エビパクチー麹
…… イワシ1尾に対し小さじ1程度
（全体に薄くからむくらい）

＜タレ＞

A
- エビパクチー麹 …… 大さじ1
- 酢（またはレモン汁） …… 小さじ1
- 植物油 …… 大さじ1
- こしょう …… 適宜

レモン（好みで） …… 適宜

作り方

1 イワシにエビパクチー麹をまぶし、10分くらいおく。Aは混ぜ合わせておく。

2 魚焼きグリルなどで、弱火でイワシの表面に焼き色がつき、火が通るまで焼く。

3 器に盛り、Aのタレをかけ、レモンを添える。

梅干しとパクチーが絶妙！ 香りと酸味を楽しむ小鉢

鶏ささみのさっぱり梅パクチー

材料 2人分

鶏ささみ …… 4本
キュウリ …… 2本
塩 …… ひとつまみ
梅干し …… 2個
A
- エビパクチー麹 …… 小さじ1
- 酢 …… 大さじ3
- 砂糖 …… 小さじ2
- 植物油 …… 大さじ1

塩 …… 適宜

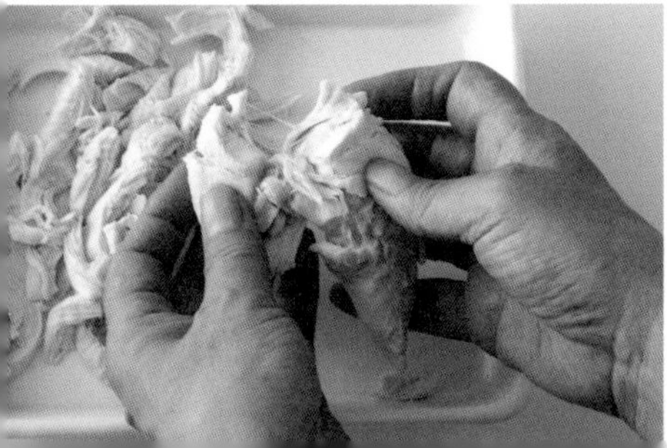

作り方

1 キュウリはヘタをとり、縦半分に切ってから斜めに0.5cm厚さに切る。ボウルに入れて、塩ひとつまみを加え混ぜ、水分を出す。水で塩分を流し、水気を絞る。梅干しはタネをとりのぞき、包丁で細かく叩く。Aは合わせておく。

2 鍋に湯（分量外）を沸かし、鶏ささみを入れ、中に火が通るまでゆでる。粗熱がとれたら、手で食べやすい大きさにさく（写真）。

3 ボウルに鶏ささみ、1のキュウリと梅干し、Aを入れて、よく混ぜる。味を見て塩でととのえる。

チリトマト麹

旨み凝縮のトマトペーストで、食欲そそるピリ辛調味料

保存
冷蔵で約3か月

材料　約100ｇ分

赤唐辛子 …… 約10～15本
水 …… 大さじ2
ニンニク …… 1～2片
トマトペースト …… 30ｇ
米麹 …… 大さじ1
塩 …… 15ｇ
酢 …… 小さじ1

※唐辛子を扱うときは手袋をつけること。

作り方

1 切る　赤唐辛子はヘタとタネをとり、水大さじ２につけて戻し、みじん切りに。ニンニクはみじん切りにする。

使い方のアイデア

●肉や魚介とよく合う！
人気のシラチャーソース風
辛くてニンニクの香りがつんとくる調味料、シラチャー風。トマトペーストで濃厚なトマト味をプラスし、こっくりかつジャンクな調味料に仕上げました。豚や鶏、ソーセージなどの肉や、魚介に合わせると、あっという間に異国へトリップ。ディップにしても大満足のクセになる味です。

2 混ぜる　１とトマトペースト、米麹、塩をよく混ぜる。

アメリカで人気爆発、
タイのチリソース
「シラチャー」を自家製で。
麹が入ることで
たまらない旨さに

砂糖と酢と合わせると、
簡単にスイートチリソースが
できます

3 発酵熟成　ジップバッグなどに入れ、発酵器などで60度で８時間、発酵熟成させる。
※発酵器を使わない発酵法はP16～17参照のこと。

4 酢を加える　酢を加えて混ぜ、できあがり。

かぶりつきたくなる味！　ビールや白ワインにも合う

鶏手羽のピリ辛煮

材料　２人分

鶏手羽先 …… ６本
チリトマト麹 …… 小さじ１
長ネギ …… 1/2本
パクチー …… ２本
植物油 …… 大さじ１
酒 …… 大さじ２
A　チリトマト麹 …… 大さじ１
　　水 …… 100ml
こしょう …… 適宜

作り方

1 鶏手羽先はチリトマト麹小さじ１をまぶし、15分以上おく。長ネギはみじん切り、パクチーは２cmくらいに切っておく。

2 フライパンに油を敷き、鶏手羽先を皮目を下にして入れ、弱火で両面に焼き色をつける。

3 焼き色がついたら、１の長ネギ、パクチー１本分を加えて酒を回しかけ、酒を蒸発させる。

4 Aを混ぜて３に加え、軽く混ぜて蓋をし、弱火で６分ほど煮る。

5 鶏手羽先に火が通ったら、蓋をとり、弱めの中火にして水分が飛ぶまで、焦げないように混ぜながら煮詰める。煮詰まったら火を止めて、こしょうで味をととのえ、残りのパクチー１本分を入れ、全体にからめる。

辛さが旨さ、大人のナポリタン。ごはんにもパンにも、もちろんパスタにも

ナポリタン炒め

材料　2人分

ソーセージ …… 5〜6本
玉ネギ …… 1/2個（小なら1個）
ピーマン …… 3個
ニンジン …… 小1本
植物油 …… 大さじ1
チリトマト麹 …… 大さじ2
トマトケチャップ（辛いのが苦手なとき）
…… 大さじ1

作り方

1 玉ネギは薄切りにする。ピーマンは縦半分に切り、タネとワタをとって1cm幅に切る。ニンジンは縦半分にして、ひとくち大に斜め切りにする。ソーセージは斜め半分に切る。

2 フライパンに植物油を入れて熱し、1の材料を入れて弱めの中火で炒め、チリトマト麹を加えて混ぜ炒める。辛いのが苦手な人は、チリトマト麹を小さじ1にして、ケチャップ大さじ1を混ぜるとよい。

魚介類にマッチする甘辛ソース

イカのチリソース

材料　2人分

イカ …… 2杯
長ネギ …… 1本
ショウガ …… 10g
A｜チリトマト麹 …… 大さじ2
　｜みりん …… 大さじ1
　｜水 …… 50ml
植物油 …… 大さじ3
しょうゆ …… 小さじ1
塩 …… 適宜
万能ネギ（好みで） …… 適宜

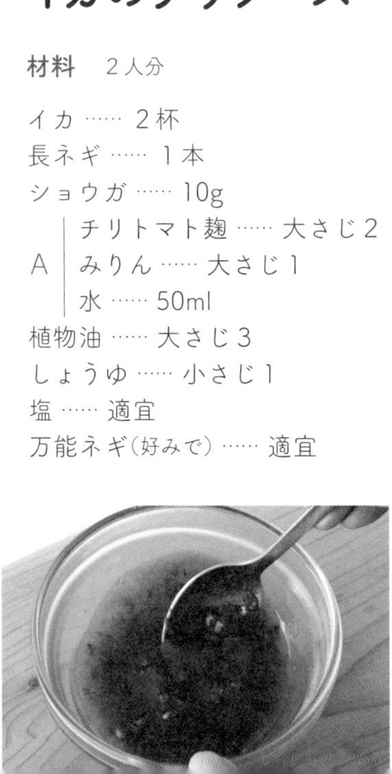

作り方

1 イカは腹ワタをとり、皮はつけたまま胴と脚の部分に分けて、ぶつ切りにする。長ネギとショウガは、みじん切りにする。Aをボウルなどに溶き合わせておく（写真）。

2 フライパンに油を入れて強火にかけ、1の長ネギとショウガを炒める。イカを加え、強火のまま炒めて水分を飛ばし、Aを加えて混ぜる。

3 しょうゆと塩で味をととのえ、油と水分が乳化して全体にとろみがついてきたら、できあがり。器に盛り、小口切りにした万能ネギを散らす。

おうちで生春巻。好きな具を巻いて、自家製スイートチリソースで

タラの生春巻

材料　3本分

タラ …… 2切れ
チリトマト麹 …… 小さじ2
トマト輪切り …… 3枚
リーフレタス …… 3枚
生春巻の皮 …… 3枚
<タレ>
A
チリトマト麹 …… 大さじ1
砂糖 …… 大さじ1
酢 …… 大さじ2
水 …… 大さじ1

作り方

1 タラは、酒を加えた湯（ともに分量外）で下ゆでし、身をほぐしてチリトマト麹小さじ2をまぶしておく。

2 トマトは0.5cmほどの輪切りにする。リーフレタスは水洗いして汚れを落とし、水気を切り縦半分に切る。

3 生春巻の皮は水にサッとくぐらせ、乾いたまな板の上におく。

4 3の皮の手前1/3あたりに、2のレタス2枚、トマト1枚、1のタラのほぐし身の1/3量の順にのせ、皮の左右両端を折り込むようにして巻く。

5 1本を3等分に切り、皿に盛る。Aを混ぜ、小さな器に入れて添える。

パスタや炒め物、洋風料理のベースに

ペペロン麹

保存
冷蔵で
約6か月

材料　約150ｇ分

玉ネギ …… 50ｇ
ニンニク …… 10ｇ
赤唐辛子 …… 1本
パセリ …… 5ｇ
粗びき黒こしょう
…… 小さじ1/2
米麹 …… 80ｇ
塩 …… 24ｇ
オリーブ油 …… 大さじ2

作り方

1 切る　玉ネギとニンニク、パセリはみじん切り、赤唐辛子はヘタとタネをとってハサミで輪切りにする。

2 炒める　鍋にオリーブ油を入れ、1のパセリ以外と黒こしょうを焦がさないように炒め、香りと甘みを出す。火を止め、60度以下に冷ます。

使い方のアイデア

●唐辛子とニンニクがパスタに合う！ペペロンとはイタリア語で唐辛子のこと。あらゆるパスタソースの味のベース作りにペペロン麹が大活躍。パスタ以外でも、ピリ辛風味の洋風料理におすすめです。

ペペロンチーノの材料を
麹と合わせたら、
ガーリック香る
ピリ辛調味料になりました

ペペロン麹は、油と相性よし。
加熱調理することで
香り豊かに仕上がります

3 混ぜる　米麹と塩を合わせ、2とパセリを入れて混ぜる。

4 発酵熟成　ジップバッグなどに入れ、発酵器などで60度で8時間、発酵熟成させる。
※発酵器を使わない発酵法はP16～17参照のこと。

魚介の旨みを味わう、シンプルパスタ

ボンゴレビアンコ

材料　2人分

アサリ（砂抜きしたもの）…… 200g
スパゲッティ …… 200g
バター …… 20g
ペペロン麹 …… 小さじ4
酒 …… 90ml
パセリ …… 適宜
塩・こしょう …… 適宜

作り方

1 パスタ用に鍋にたっぷりの湯（分量外）を沸かす。パセリはみじん切りにする。

2 別の鍋にバターを入れ、アサリ、ペペロン麹を加えて弱めの中火にかけ、軽く炒める。酒を加えて、蓋をして2分くらい蒸す。アサリの口が開いたら火を止める。

3 1の湯が沸いたら、袋の表記時間通りにスパゲッティをゆでる（塩は入れない）。ゆであがったら、50mlほどゆで汁を残して湯切りする。残したゆで汁に、ほんのひとつまみの塩をふる。

4 2のアサリの鍋を中火にかけ、ふつふつしてきたら、3の残りのゆで汁とパスタを入れて混ぜ合わせ、水分を飛ばす。塩・こしょうで味をととのえ、パセリを散らす。

すべての味が染み込んだ薄切りジャガイモの食感が絶妙！

ジャガイモとタコのペペロン

材料　2人分

ジャガイモ …… 小3個
ゆでダコ …… 80〜100g
ペペロン麹 …… 小さじ1
水 …… 大さじ2
塩・こしょう …… 適宜
植物油 …… 大さじ3

作り方

1 ジャガイモは皮つきのまま0.3cm厚さの輪切りにする。ゆでダコはぶつ切りに。

2 フライパンに油大さじ3を入れて強めの中火にかけ、ジャガイモを並べて揚げ焼きにする。ジャガイモに火が通ったら、タコを加えて炒める。

3 ペペロン麹を水でのばしてから、2に加える。水分が飛んだら、塩・こしょうで味をととのえる。

サラダ感覚の新しいおいしさ！

ツナとオクラのフジッリ

材料　2人分

ツナ缶 …… 2缶
オクラ …… 10本（1ネット）
フジッリ …… 160g
A｜ペペロン麹 …… 大さじ2
　｜オリーブオイル …… 大さじ2
塩 …… 適量
こしょう …… 適宜

作り方

1 フジッリ用に、鍋にたっぷりの湯（分量外）を沸かしておく。

2 オクラはヘタの先端を切り落とし、ガクの部分に包丁を入れて薄くぐるりとむきとる。塩ふたつまみほど（分量外）をオクラにふりかけ、まな板で板ずりする。湯（分量外）を沸かし、オクラをさっとゆでる。色が鮮やかになったらとり出して、水で冷やして熱をとり、水分をキッチンペーパーでふき、1cmくらいの厚さに切る。

3 1の湯が沸いたら、フジッリを袋の表記時間通りにゆでる（塩は入れない）。ゆであがったらザルにあげ、ひとつまみの塩（分量外）をふり、軽く混ぜる。

4 ボウルにAを入れてよく混ぜ合わせ、油を切ったツナと2のオクラを加え、ゆでたフジッリを入れてよく和える。塩で味をととのえ、好みの量のこしょうをふる。

ペペロン麹のホットドレッシング使いで、まろやかサラダ

アボカドとトマトのペペロン和え

材料　２人分

アボカド …… １個
ミニトマト …… ５～６個
レモン汁 …… 大さじ１～２
ペペロン麹 …… 大さじ１
酒 …… 大さじ２
植物油 …… 大さじ１
こしょう …… 適宜

作り方

1 アボカドは半分に割ってタネをとり、皮をむいて、ひと口大のさいの目に切る。ミニトマトは半分に切る。耐熱ボウルにアボカド、ミニトマトを入れ、レモン汁を加えて混ぜる。

2 フライパンに油と酒で溶いたペペロン麹を入れ、弱火で炒めて混ぜる。

3 熱々の２を１のボウルの上からかけて、和える。好みでこしょうをふる。

旨みたっぷり、だしの極み

アサリおかか麹

保存
冷蔵で
約6か月

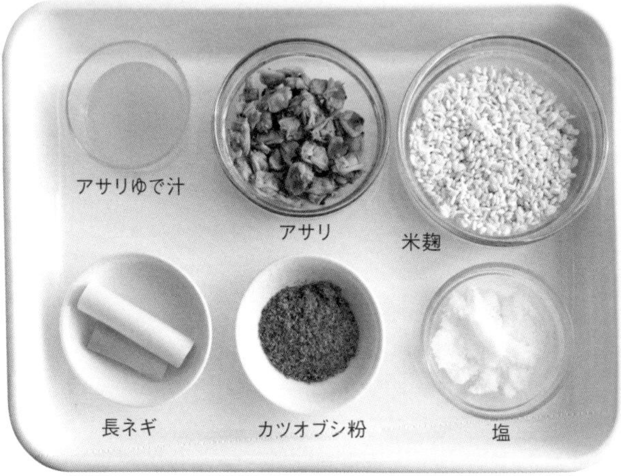

材料　約320ｇ分

アサリ …… 100ｇ
アサリゆで汁 …… 75mℓ
カツオブシ粉 …… 5ｇ
長ネギ …… 20ｇ
米麹 …… 100ｇ
塩 …… 30ｇ

作り方

1 ゆでる アサリはゆでて、ザルにあげて水気を切って粗熱をとり、みじん切りにする。ゆで汁はとっておく。

2 切る 長ネギはみじん切りにする。

3 混ぜる 米麹と塩、1のアサリとゆで汁、2の長ネギ、カツオブシ粉を加えてよく混ぜる。

4 発酵熟成 ジップバッグなどに入れ、発酵器などで60度で8時間、発酵熟成させる。
※発酵器を使わない発酵法はP16～17参照のこと。

使い方のアイデア

●**麺類や炒め物がプロ級の味わいに！和風料理にも使いやすい**

「麺類のスープに合う麹調味料を」という発想から誕生した逸品。旨みは濃く、かつ清澄なスープで、上品な味わいに仕上がりました。
麺類のスープはもちろん、炒め物や肉ジャガ、炊き込みごはん、鍋物、雑炊まで、洋風にも和風にも使いやすい調味料です。

アサリとカツオブシと
麹を合わせたら、
驚きの超絶麹調味料が
できました

絶品鶏ラーメン(p100)が
超簡単にできる！
麺好きの私がおすすめする
自信作です

こんなにおいしいラーメンが家で簡単に作れるなんて、絶対ハマる

鶏ラーメン

材料　２人分

鶏もも肉 …… １枚（約250ｇ）
ニンニク …… ２片
ショウガ …… 20g
長ネギ …… １本
ゴマ油 …… 小さじ２
アサリおかか麹 …… 大さじ８
酒 …… 300ml
水 …… 400ml
モヤシ …… １袋
中華麺 …… ２玉
塩・こしょう …… 適宜

作り方

1 ニンニクは薄切り、ショウガは薄切りにしてから千切りにする。長ネギは薄切り、鶏もも肉は大きめのぶつ切りにする。

2 深い鍋にゴマ油を入れ、ニンニク、ショウガを加えて中火にかけ、軽く炒める。香りが出たら鶏肉、アサリおかか麹、酒、水を入れて鶏肉に火が通るまで６分ほど蒸し煮にする。火を止め、蓋をしてそのままおく。スープの粗熱がとれたら鶏肉をとり出し、食べやすい大きさに切る。

3 別の鍋にたっぷりの湯（分量外）を沸かし、中華麺を袋の表記時間通りにゆでる。

4 麺をゆでている間に２のスープの鍋を火にかけ、沸騰したらモヤシを入れ、モヤシに火が通ったら長ネギを加え、火を止める。塩・こしょうで味をととのえる。

5 ３がゆであがったらザルにあげ、水気を切る。

6 器に４のスープと５の麺を入れ、鶏肉をのせる。

旬の野菜をさらにおいしく

野菜炒め（春バージョン）

材料　２人分

キャベツ …… 1/4個
アスパラガス …… ３本
新玉ネギ …… 1/2個
ニンジン …… １本
マイタケ …… １パック
ニンニク …… １片
アサリおかか麹 …… 小さじ２
植物油 …… 大さじ３
塩・こしょう …… 適宜
※野菜は季節の素材を好みで組み合わせる

冬なら、白菜やゴボウ、
レンコン、ニンジン、
シメジなどがおすすめです

作り方

1 キャベツはひと口大に切る。アスパラガスは根元の固い部分を切り落とし、ピーラーで皮をむいて３等分に切る。新玉ネギは縦半分にして薄切りに。ニンジンは斜めに薄切りにする。マイタケは小房に分ける。ニンニクは薄切りにする。

2 中華鍋（またはフライパン）に油を入れて中火にかけ、ニンニクを入れて香りが出たら、火が通りにくい素材から順に入れて（ニンジン、新玉ネギ、アスパラガス、キャベツ、マイタケの順）、中火で炒める。

3 ２にアサリおかか麹を加えて炒め混ぜ、塩・こしょうで味をととのえる。

混ぜ混ぜ、ハフハフしながら食べたい

汁なしカレー和えうどん

材料　２人分

鶏ひき肉 …… 200g
植物油 …… 大さじ１
長ネギ …… １本
ゴマ油 …… 大さじ１
アサリおかか麹 …… 大さじ２
酒 …… 大さじ１
しょうゆ …… 小さじ１
カレー粉 …… 大さじ１
水溶き片栗粉 …… 片栗粉大さじ１
　＋水大さじ１
うどん …… ２玉
＜付け合わせ＞
ミニトマト …… ３〜４個
キャベツ …… 1/4個
赤玉ネギ …… 1/2個
パクチー …… ２本
レモン …… くし形２切れ

作り方

1 長ネギはみじん切りにする。付け合わせを用意。ミニトマトは半分に切る。キャベツは千切りにして水に漬けてパリッとさせ、ザルにあげて水気を切る。赤玉ネギは薄切りに。パクチーは2cmくらいに、レモンはくし形に切る。

2 鍋に油、鶏ひき肉を入れ、弱めの中火にかける。長ネギを加え、よく炒める。

3 ひき肉に火が通ったら、酒で溶いたアサリおかか麹、しょうゆを入れ、カレー粉を加えて水分が飛ぶまで炒める。水溶き片栗粉を加えてとろみをつける。

4 湯（分量外）を沸かし、うどんを袋の表記時間通りにゆでる。ゆであがったらザルで水気を切り、器に盛る。

5 うどんの上に１の付け合わせ野菜を個別に盛り、３の鶏ひき肉あんを２等分にしてかけ、レモンを添える。

じんわり温まって、食感もやさしい

豆腐と卵のあんかけ

材料　２人分

絹ごし豆腐 …… １丁
アサリおかか麹 …… 大さじ4
水 …… 500ml
卵 …… ２個
水溶き片栗粉A …… 片栗粉大さじ２
　＋水大さじ２
水溶き片栗粉B …… 片栗粉大さじ１
　＋水大さじ１
万能ネギ（好みで）…… 適宜

作り方

1 鍋に水500mlを入れ、アサリおかか麹を溶かし入れて、中火にかける。

2 豆腐は好みの大きさ（8等分くらい）に切り、１の鍋に静かに入れる。

3 別のボウルに卵２個を割り入れて溶き、水溶き片栗粉Ａと混ぜておく。

4 豆腐を入れた１の鍋が沸騰してきたら、３を流し入れ、菜箸でふわりとかき混ぜる。

5 さらに、水溶き片栗粉Ｂを流し入れてゆっくりかき混ぜ、とろみをつける。

6 器に盛り、小口切りにした万能ネギを散らす。

麹調味料の献立例

麹調味料を常備すれば、
どんなに忙しいときも、
30分もあれば栄養バランスのよい
豊かな献立が完成します。
ある日の発酵ごはん献立例をご紹介。

ホウレンソウのおひたし　P36

半熟卵のカキしょうゆ麹漬け　P45

焼きネギのスープ　P60

ナポリタン炒め　P89

キュウリの豆腐ライタ風　P29

麹調味料で 発酵ごはん作りが超ラクになる！ 漬けおき＆プレ作りおき

麹調味料を使いこなす

麹調味料の使い方でおすすめなのが、漬けてから料理する方法です。食材を漬けておくメリットは、なんといってもおいしくなること。肉や魚介は、麹の酵素がたんぱく質を分解して、やわらかくしっとりした仕上がりに。さらに、味が染みこみやすくなったり、保存性がアップするなど、いいことづくめです。

漬けてすぐ料理してもいいし、とりあえず漬けておいて、好きなタイミングで料理してもＯＫ。「あ、あれが漬けてあった！」となれば、あとは焼くだけ、蒸すだけ、煮るだけ、揚げるだけで、すぐにおかずが一品完成します。

作りおき一歩手前の「プレ作りおき」は、そこからいろいろな料理に簡単にアレンジできる、お手軽作りおきのこと。常備しておくと、毎日のおかず作りが超ラクになります。

漬けおき

漬けておくと、好きなタイミングでいつでも料理できるのもうれしい点。

本書のレシピでは、漬ける時間を「15分から2日」などと表記しています。これは、すぐ料理したいときは15分漬けて焼いてもいいし、1～2日、冷蔵庫で漬けてから料理してもいいですよ、という意味。漬け時間は、ライフスタイルに合わせて自由に決められるのもうれしいですね。

ただし、2日以上料理しない場合は、冷蔵ではなく、「漬けて冷凍」しておきましょう。冷凍した場合は、好きなタイミングで解凍して料理してください。

プレ作りおき

・玉ネギ酢（P112）

生で食べるおかずがさっと作れるすぐれもの。さっぱり食べたいときにおすすめです。刺身と和えてカルパッチョにしたり、豚しゃぶサラダにも。

・だし漬けトマト（P114）

そのまま副菜として食べてもいいし、煮込んでパスタソースにしたり、焼いた肉や魚介のソースにも。

・豚そぼろ（P116）

野菜などと混ぜるだけで主菜に。ごはんにのっけて食べても。

・角切り野菜の蒸し煮（P118）

肉や魚と煮れば主菜に。野菜たっぷりだから、ヘルシーおかずがすぐ完成。

鶏もも肉のロースト

漬けおき

↓

焼く

おすすめの麹調味料

塩麹・チキン麹・ベジブイヨン・キノコ麹・エビパクチー麹・ペペロン麹・アサリおかか麹など

材料　鶏もも肉1枚分

鶏もも肉 …… 1枚（約250ｇ）
好みの麹調味料（右の写真はキノコ麹）
　…… 大さじ1
酒 …… 大さじ2
植物油 …… 大さじ1
水 …… 大さじ3
塩・こしょう …… 適宜

作り方

1 鶏もも肉をビニール袋などに入れ、麹調味料と酒を入れてもみ、15分～2日おく。鶏肉をとり出し、麹調味料を手でとりのぞき、麹調味料は袋の中にとっておく。

2 鍋に油を入れ、1の鶏肉を皮目から入れ、弱めの中火で両面に焼き色をつける。

3 1の袋に水を入れて混ぜ、2の鍋に加え、蓋をして弱火で焼く。

4 鶏肉に火が通ったら火を止め、蓋をしたまま約5分おく。再び弱火にかけて水分を完全に飛ばす。皮面を下にして軽く押しつけ、パリッと焼き上げ、塩・こしょうで味をととのえる。

煮豚

漬けおき

↓

煮る

材料　豚ロースかたまり肉1個分

豚ロースかたまり肉 …… 1個
（約500g・直径8cm×長さ16cmほど）
※できればネットがかけてあるもの
好みの麹調味料（右下の写真は煮干し麹）
…… 大さじ2
酒 …… 大さじ1
植物油 …… 大さじ1
A｜ニンニク …… 1片
　｜ショウガ …… 10g
　｜長ネギ …… 5cm
塩 …… ひとつまみ
しょうゆ …… 大さじ1

おすすめの麹調味料
塩麹・煮干し麹・カキしょうゆ麹・ベジブイヨン・豆豉みそ麹・チリトマト麹・アサリおかか麹など

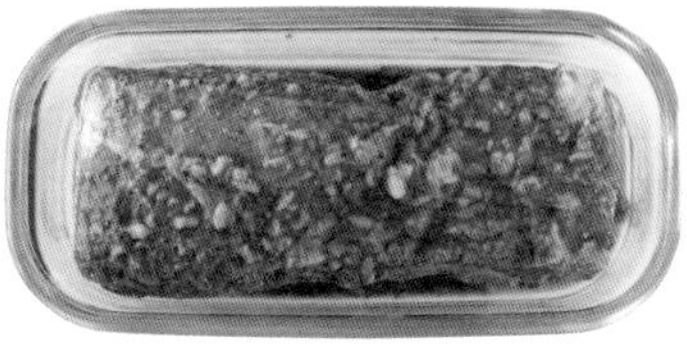

作り方

1 豚肉をビニール袋などに入れ、麹調味料と酒を入れてもみ、15分～2日おく。

2 鍋に油と1の豚肉を脂面から入れ、中火で全面に焼き色がつくように肉を回しながら焼く。

3 2の鍋に豚肉がかぶるくらいの水（分量外）とAを丸ごと入れ、沸騰したら弱火にする。水が半分に減ったら再度、豚肉がかぶる量の水、塩としょうゆを加え、弱火で煮続ける。煮汁が約1/3になったら火を強めて煮詰め、煮汁を豚肉にからめて照りを出す。

ズッキーニとジャガイモの
フィッシュフライ

漬けおき

↓

揚げる

材料　6個分

タラ …… 切り身2枚
好みの麹調味料（右の写真はペペロン麹）
　…… 大さじ2
ジャガイモ …… 大2個
ズッキーニ …… 1本
片栗粉 …… 大さじ2
小麦粉 …… 適宜
植物油 …… 適量

おすすめの麹調味料

塩麹・チキン麹・ベジブイヨン・キノコ麹・エビパクチー麹・チリトマト麹・ペペロン麹・アサリおかか麹など

作り方

1 タラは麹調味料を全体にまぶして15分～1日おき、1cm角に切る。

2 ジャガイモは皮をむいて千切り、ズッキーニも千切りにする。

3 ボウルに1と2、片栗粉を入れ、よく混ぜる。6等分にして、1つずつ細長い長方形にまとめ、小麦粉をまぶす。

4 フライパンに1cm高さまで油を入れて弱めの中火にかけ、3を入れて、両面がこんがりするまで揚げ焼きする。

カブの麹ヨーグルト漬け

漬けおき

↓

そのまま食べる

材料　2人分

カブ …… 2個

塩 …… 小さじ1/2

【漬け床】

無糖ヨーグルト …… 100g

好みの麹調味料（右の写真は塩麹）

…… 大さじ2

塩 …… 小さじ1

ニンニク …… 1片

レモン汁 …… 1/2個分

こしょう …… 適宜

おすすめの麹調味料

塩麹・キノコ麹・ペペロン麹など

作り方

1 漬け床を作る。ニンニクはすりおろし、漬け床の材料をすべて混ぜ合わせる。

2 カブは皮をむき半分に切る。塩をふってもみ込み、5分ほどおき、水気が出たらふきとる。

3 1の漬け床に2を入れ、1～3日おく。

4 食べるときに薄く切り、好みで塩・こしょうやオリーブオイル（ともに分量外）などをかけてもよい。

プレ
作りおき

ベジブイヨンで玉ネギ酢

保存
冷蔵で
約1週間

材料　玉ネギ1個分

玉ネギ …… 1個
ベジブイヨン …… 大さじ1
酢 …… 60g
塩 …… ひとつまみ
こしょう …… 適宜

作り方

1 玉ネギはみじん切りにする。

2 1の玉ネギをボウルに入れ、そのほかの材料をすべて加えてよく混ぜる。保存容器に入れ、冷蔵保存する。

ほかにもこんな麹調味料で
塩麹・キノコ麹など

キャロットサラダ

材料　２人分

ニンジン …… １本

A｜玉ネギ酢…… 大さじ２
　｜植物油 …… 大さじ１

ニンニク …… 1/2片

パセリ …… 適宜

塩・こしょう …… 適宜

作り方

1 ニンジンは皮をむき、ピーラーで薄切りにする。包丁の場合、斜め薄切りにしてから幅広の千切りに。

2 ボウルに冷水（分量外）を入れて１を15〜30分つけ、ザルにあげて水気をしっかり切る。

3 ニンニク、パセリはみじん切りにして、Aと合わせて、塩・こしょうで味をととのえ、２のニンジンと和える。

おからのサラダ

材料　４人分

おから …… 100g

赤玉ネギ …… 1/2個

キュウリ …… １本

ニンジン …… 1/2本

塩 …… ひとつまみ

植物油 …… 大さじ２

A｜玉ネギ酢 …… 大さじ３
　｜マヨネーズ …… 大さじ２

塩・こしょう …… 適宜

作り方

1 赤玉ネギは薄切り、キュウリ、ニンジンは千切りにして、ボウルに入れて塩をふって混ぜ、水分が出たら軽く絞る。

2 鍋に油を入れて弱火にかけ、おからを炒る。油が全体に回ったら弱めの中火にし、焦げないよう気をつけながら、おからの水分が抜けてカラカラになるまで炒って火を止める。

3 １のボウルにおからとAを入れ、まとまるまでよく混ぜる。塩・こしょうで味をととのえる。

プレ
作りおき

ベジブイヨンで だし漬けトマト

保存
冷蔵で
約3日

材料　トマト2個分

トマト（固めのもの）…… 大2個
ベジブイヨン …… 大さじ3
湯 …… 大さじ3
みりん …… 大さじ2
塩 …… 小さじ1/2
こしょう …… 適宜

ほかにもこんな麹調味料で
塩麹・キノコ麹など

作り方

1 トマトはヘタをとり、十字に浅めの切り込みを入れる。トマトが全体に浸るくらいの湯（分量外）を沸かし、トマトを入れる。十字に切り込みを入れた部分の皮がはがれてきたら、とり出して冷水につけ、皮をむく。6～8等分のくし切りにし、保存容器に入れる。

2 鍋の湯を大さじ3くらい残し、みりん、塩を加えて煮立たせて火を止める。ベジブイヨンと好みの量のこしょうを入れて混ぜる。粗熱がとれたら1の保存容器に入れ、トマトが液体に浸かるようにラップを落として蓋をし、保存する。

だし漬けトマトのツナ和え

材料　2人分

だし漬けトマト …… 6片
ツナ缶 …… 1缶
オリーブオイル …… 大さじ1
塩 …… ひとつまみ
パルメザンチーズ …… 大さじ1（好みの量）
こしょう …… 適宜

作り方

1 ツナは油を切る。

2 ボウルにすべての材料を入れ、和える。

3 器に盛り、好みでパルメザンチーズをさらに散らす。

マイタケステーキ

材料　2人分

マイタケ …… 1パック
片栗粉 …… 適宜
植物油 …… 大さじ2
だし漬けトマト …… 4片
トマトケチャップ …… 小さじ1
オリーブオイル …… 小さじ2
塩・こしょう …… 適宜

作り方

1 ソースを作る。だし漬けトマトは細かく切り、ボウルに入れてトマトケチャップ、オリーブオイルと混ぜる。

2 マイタケは根元の部分に包丁で縦1cmくらいの切り目を入れ、全体に片栗粉をしっかりまぶす。

3 鍋に油を入れて弱めの中火にかけ、温まったら2のマイタケを入れ、両面に焼き色をつける。

4 片栗粉が固まってきたら、フライ返しでマイタケを押して、両面をカリカリに焼く。

5 1のソースを皿に広げてマイタケをのせ、塩・こしょうをふる。

プレ作りおき

カキしょうゆ麹で豚そぼろ

保存
冷蔵で約4日

材料　豚肉300ｇ分

豚バラ薄切り肉 …… 300g
ニンニク …… １片
ショウガ …… 20g
長ネギ …… １本
A カキしょうゆ麹 …… 大さじ２
　しょうゆ …… 大さじ１
　みりん …… 大さじ１

ほかにもこんな麹調味料で
豆豉みそ麹など

作り方

1 豚肉は1cm幅に切る。ニンニク、ショウガ、長ネギはみじん切りにする。Aは合わせておく。

2 鍋に豚肉を入れて弱火にかけて炒め、油が出てきたら１のニンニク、ショウガ、長ネギを入れる。全体に火が通ったらAを加えて混ぜながら炒め、水分が抜けたら火を止め、そのまま冷ます。

3 粗熱がとれたら保存容器に入れ、冷蔵保存する。

肉豆腐

材料　2人分

豆腐（木綿）……　1丁
豚そぼろ……100g
水……100g
しょうゆ……小さじ1
水溶き片栗粉……片栗粉大さじ1
　＋水大さじ1

作り方

1 豆腐は4等分に切る。

2 鍋に豚そぼろ、水、豆腐の順に入れ、弱めの中火で沸騰するまで煮る。沸騰したら弱火にして蓋をし、5分ほど煮て火を止める。

3 豆腐をとり出し、器に盛る。

4 2の鍋に残った汁に水溶き片栗粉を入れ、混ぜながら火にかけ、とろみがついたら豆腐にかける。

ニラ玉

材料　2人分

ニラ……　1束
卵……　3個
塩……　ひとつまみ
水溶き片栗粉……片栗粉大さじ1
　＋水大さじ1
豚そぼろ……100g
植物油……大さじ1＋大さじ1

作り方

1 ニラは5cmに切る。卵はボウルに割りほぐし、塩、水溶き片栗粉を入れて混ぜる。

2 フライパンに油大さじ1を入れて弱めの中火にかけ、温まったら卵を流し入れる。卵の下側が固まりはじめたら菜箸で軽く円を描くように混ぜ、半熟になったら火を止め、器に盛る。

3 フライパンに油大さじ1を入れて弱めの中火にかけ、ニラを入れて全体に油をからめたら、豚そぼろを加える。ニラに火が通って水分が飛んだら火を止め、2の卵の上にのせる。

プレ
作りおき

キノコ麹で角切り野菜の蒸し煮

保存
冷蔵で
約４日

材料　ニンジン１本分

ニンジン …… １本
玉ネギ …… 小１個
ズッキーニ …… １本
ミニトマト …… 10個くらい
キノコ麹 …… 大さじ２
水 …… 大さじ２
植物油 …… 大さじ１
塩 …… 適宜

ほかにもこんな麹調味料で
塩麹・ベジブイヨンなど

作り方

1 ニンジン、玉ネギ、ズッキーニは角切りにする。ミニトマトは半分に切る。

2 鍋に油と野菜をすべて入れ、キノコ麹を水で溶いて加える。弱火にかけて蓋をし、10分くらい煮る。

3 水分が上がってきたら蓋をあけ、そのまま弱火で約５分煮る。味を見て塩でととのえ、火を止める。粗熱がとれたら保存容器に入れ、冷蔵保存する。

野菜を食べるミネストローネ

材料　2人分

キャベツ …… 1/6個
水 …… 400ml

A	角切り野菜の蒸し煮 …… 100g
	トマトケチャップ …… 大さじ1

塩・こしょう …… 適宜

作り方

1 キャベツは角切りにし、塩ひとつまみを入れて混ぜ、5分ほどおく。

2 鍋にキャベツを入れ、分量の水のうち大さじ2を入れ、蓋をして弱火にかける。

3 キャベツがしんなりしたら蓋をとり、残りの水とAを加え、弱めの中火にする。沸騰したら火を止め、塩で味をととのえ、こしょうをふる。

ライスミートボール

材料　ミートボール8個分

牛豚合いびき肉 …… 200g
塩 …… ひとつまみ
卵 …… 1個
玉ネギ …… 1/2個
パセリ …… 2本
冷やごはん …… 50g
植物油 …… 大さじ1
角切り野菜の蒸し煮 …… 100g
水 …… 50ml
塩・こしょう …… 適宜

作り方

1 玉ネギとパセリはみじん切りにしてボウルに入れ、ごはんと混ぜる。

2 別のボウルにひき肉と塩を入れ、粘りが出るまでよく混ぜる。卵を加えてさらに混ぜ、1を加えて全体にまとまるまで混ぜる。8等分に分け、1個ずつ丸める。

3 鍋に油を入れ、2のミートボールを並べて弱火にかけ、蓋をして蒸し焼きにする。肉の色が変わったら、角切り野菜の蒸し煮と水を加え、再び蓋をして弱火で10分ほど煮る。

4 蓋をとり、水分が飛ぶまで汁を煮詰め、そっと混ぜながらミートボールにからめる。塩・こしょうで味をととのえる。

「発酵」によって出会った3人の

まいにち麹調味料

森本桃世

「からだは食べたものでできている」をコンセプトに、食卓料理人として活動

おのみさ

(イラスト担当)
麹や発酵に関する著作を多く手がける発酵料理研究家、イラストレーター

オザワエイコ

みそやしょうゆなどを仕込むのがライフワーク。自家製調味料の仕込み教室「かもしラボ」主宰

オザワ　『まいにち発酵ごはん』の発刊後、「作ってみた!」「ホントにおいしくて毎日大活躍してます」「家族にほめられました!」なんて声が、多くの方から寄せられています。

森本　うれしい〜〜(涙)。

オザワ　発酵マニアにも満足いただけるよう、マニアックに発酵を追求しましたが、「これから発酵ライフを始めてみたい」という人にも届けたいという想いから、『はじめての発酵ごはん』の登場です!

森本 おの　パチパチパチ!(拍手)

オザワ　今回は初心に立ち返り、「麹」の発酵に絞り込み!

おの　やっぱり麹は、発酵の基本だよね!

オザワ　とにかく麹と塩と少ない材料だけで、どこまでおいしくできるか連日、実験しました!

森本　オザワさんの麹調味料はシンプルなものが多いから、麹本来のよさがよくわかる。しかも、どれもおいしくて、味のベースがしっかりできているから、料理の味が決まる! まさに「だし」です。どれもすごく使いやすくて、幅広い料理に使えますよ。

おの　料理が苦手でも、すごくとっつきやすいレシピ。ほら、私はできるだけ手間をかけず、お金もかけずにおいしく食べたい派なので(笑)、ありがたい本です。

オザワ　麹ブームの火付け役にそう言っていただけると、心強いです。「簡単においしくできる」をひたすら目指しました。そして、桃ちゃんがすばらしくおいしい料理に仕上げてくれて。しかも再現性の高いレシピだから、誰でもラクに作れるんです。

森本　日々のごはんは、面倒なことをせずチャチャッと作りたいでしょ。家にあるもので簡単にできて、キャベツヤモヤシやエノキダケなどの余りがちな食材を積極的に使うことも考えました。

オザワ　麹調味料があれば、ちょっとした調理の工夫で野菜もたくさん摂れて食べ応えがあって、おいしいひと皿になる。食いしん坊かつ野菜好きの私には、桃ちゃんのレシピはすごくうれしい。

おの　カキしょうゆ麹なんか、そのまま舐めてもおいしいから、生のキュウリやキャベツにつけるだけで、日本酒のアテにバッチリ（笑）

オザワ　どの麹調味料も塩分は控えめで、かつ保存性のある調合を極めたので、冷蔵庫で1年ぐらいもつものが大半です。これも麹の力。

森本　チキン麹とか豚ニラ麹とか、肉入り調味料という発想も、じつはすごいよね。しっかり食感があってそのまま具になるから、まさに「おかずのもと」。麹調味料がひとつあれば、食材ひとつだけでも立派な主菜になる。レシピを作るときに、こんな簡単すぎていいのかなと思ったぐらい。

オザワ　簡単だからこそ、レシピをアレンジして、自分の好きな食材や旬の食材、冷蔵庫にあるものでも作れるよね。

森本　麹由来の甘みや旨み成分が、まろやかでコクのある味わいに仕上げてくれるので、ひと口めでガツン！ではなく、じわじわおいしさを感じられるんです。好みで塩を足して調整できるぐらいの味のバランスも、使いやすくてポイント高い。

おの　肉や魚を漬けおきできるのも便利だよね（Ｐ106～111）。麹が勝手においしくしてくれる！　さらにそのレシピが、どの麹調味料に漬けてもよいとか、15分から2日間漬けるっていう幅広すぎる感じも、懐が深いというか（笑）、さすが桃ちゃん！

森本　肉は漬けおき時間が長いほど、焼いても煮てもやわらかくしっとり仕上がります。でも味付けという意味では15～30分おくだけで大丈夫だし、逆に、長く漬けて味が濃くなっちゃうという心配もありません。漬けて冷凍してもいいし。

オザワ　時間の融通がきくというか、ライフスタイルや今日の都合に合わせられるのが、麹調味料の漬けおき、作りおきのいいところだよね。

森本　なんか協調性があるんですよね、麹調味料は。たとえば西京漬けや粕漬けだと料理法も味も限定されるけれど、麹調味料はそこまで強い味ではないので、漬けてから炒めても蒸してもグリルしてもいいし、味を足して和風にも中華にも洋風にもできて、野菜と合わせた一品にもできる。汎用性があるんです。漬けおきに限らず、私のレシピとは違う麹調味料で作っても、風味の異なるおいしい料理に仕上がると思うので、マイレシピを追及して！

オザワ　奥が深いな～、麹。とにかく麹を常備して活用してみてほしいんです！　おいしいから！　便利だから！　暮らしが楽しくなるから！

おの　やっぱり麹は生麹がいいんで

すかね？
オザワ　森本　生麹も乾燥麹もどっちも使うよね。
オザワ　乾燥麹ならどこでも買えるし常温で長期保存できるから、はじめての方にはおすすめです。生麹もネットで簡単に買えるけど、保存性と入手のしやすさでは乾燥麹に軍配が上がるかな。
おの　昔ながらの麹屋さんがある地域もあるし、みそ蔵や酒蔵でも買えたりしますよね。
オザワ　地元のそういうお店や、旅行先で見つけた麹を買ってみるのもいいですよね。気に入ったら、お取り寄せしてもいいし。
森本　発酵器を買うのをためらってる人もいると思うけれど、やっぱりすごく便利。夜仕込んでおけば寝ている間に発酵完了してるし、温度をかけて作ると、旨みたっぷりに仕上がるんですよね。
オザワ　数千円で買えるので、ぜひ一家に一台。麹甘酒やヨーグルトも簡単に作れるし、米麹をおこすのにも便利、発酵ライフを楽しめます！　米麹そのものから作ってみたい人は、『まいにち発酵ごはん』に掲載しているので、トライしてみてください。
森本　おの　そこからか！（笑）
オザワ　ま、それはともかく、まずはどれかひとつ、麹調味料を作って、料理に使ってみてほしい。
森本　そうそう。本当においしくてビックリするから。麹調味料の実力を体感してください！
了

麹用の冷凍庫!?
いつも家に麹がないと不安だよね～
だねー！うちも一袋置いてある
うんうん
私も必ず店に置いてある
ちょっと見てみて――
私も思いついたらすぐ作りたくなるし実験もしたいから
麹専用の冷凍庫があるのだ―――！
どーん
えー!!
3ドアの冷蔵庫もふつうにある
米麹、玄米麹、麦麹、豆麹と全部そろってる！

あとがき

本書のレシピを考えるにあたって大切にしたことは、「材料の数をできるだけ少なくする」「冷蔵庫に余りがちな素材を使う」という２つでした。

なぜなら、たくさんの人に麹調味料を使ったレシピを試してもらいたいから。そのためには、できるだけ料理のハードルを下げたかったのです。

麹調味料のよさは、やはり使ってみないとわからないもの。ひとつでも麹調味料を作って、料理をしてみたら、そのおいしさに驚くはずです。

だから、まずはひとつからでいいんです。ピンときた麹調味料を作って、それを料理に使ってほしい。そんな思いから、作りやすい材料にこだわったというわけです。

本書で紹介している麹調味料は、どれも本当に料理に使いやすく、味のベースが決まるものばかり。とくにベジブイヨンやアサリおかか麹、チキン麹、キノコ麹などは、忙しい毎日の料理に大活躍してくれるので、子どもからお年寄りまで、家族みんなの料理作りにぴったり。そして、アジア料理が好きな人には、エビパクチー麹がおすすめです。これさえあれば、いつでも気軽にアジア料理が楽しめます。中華が好きな人には、豆豉みそ麹や、豚ニラ麹がぴったり。

こんな風に好きな料理に合わせて、「これ、おいしそう！」と思ったものから、まず作ってみてください。

そして、麹調味料を使って作る本書のレシピは、とてもシンプル。その作り方には長年、多くの人のために料理をしてきた中で編み出した「シンプルだけどおいしいコツ」を散りばめています。１行１行のレシピに、そんな思いやプロのコツを込めました。だから、ぜひレシピもじっくり読んで試してもらえるとうれしいです。

みなさんの食卓が「麹の力」でさらにおいしく、楽しくなることを願っています。

森本桃世

素材別さくいん

◆著者

オザワ エイコ

手作り調味料研究家。自家製調味料の仕込み教室「かもしラボ」主宰。編集者。旬の食材を使った自家製調味料や保存食、果実酒などのレシピを伝えるほか、発酵調味料や漬け物などの発酵食品を仕込むことを得意とする。ライフワークは畑仕事と自然観察。みそやしょうゆを作るための大豆や小麦をはじめ、季節折々の野菜を育てながら、畑の虫とたわむれる日々。著書に『だからつくる調味料』(ブロンズ新社)、『無印良品「発酵ぬかどこ」徹底活用術』(新星出版社)、『おいしいから作りたくなる まいにち発酵ごはん』(ナツメ社・共著) がある。テレビ、ラジオ、新聞、雑誌、webメディアなどでも活躍中。

かもしラボ HP https://www.kamoshilabo.com/

森本桃世(もりもと ももよ)

食卓料理家。野菜や発酵食品を活かし、からだが喜ぶ料理を作る、さすらいの料理人。10年間パティシエをしたのち、オーガニックレストラン「Taihiban」、「KURKKU FIELDS」、「発酵デパートメント」などを経て、現在は循環する日常を実践するラボ「élab」でプラントベースのお菓子を作りながら、フリーランスとして活動。「食のきっかけづくり」をコンセプトに、食にまつわる店の立ち上げやレシピ開発、ワークショップ、料理教室などを行なう。パティシエ時代に体調を崩し、徹底的に自分のからだと向き合った結果、「からだは食べたものでできている」ことを実感。その体験が現在の活動のベースになっている。手を加えず手間をかけ、素材がもつ本来の味を引き出すレシピには多くのファンがいる。著書に『おいしいから作りたくなる まいにち発酵ごはん』(ナツメ社・共著) がある。

◆イラスト・マンガ

おの みさ

イラストレーター。発酵料理研究家。みそ作りをきっかけに麹を使った料理に目覚め、2010年に『からだに「いいこと」たくさん 麹のレシピ』(池田書店) を発行。近著に『発酵来福レシピ』(山と渓谷社)、『ゆる菌活』、共著に『発酵はおいしい』(ともにパイ インターナショナル) などがある。

<STAFF>

写真/小林キュウ

スタイリング/本郷由紀子

装丁・本文デザイン/横田洋子

調理アシスタント/濱島展枝 (モリ乃ネキッチンスタジオ)

編集/内海陽子

編集担当/田丸智子 (ナツメ出版企画)

いつものおかずをもっと手軽《てがる》に、おいしく!

はじめての発酵《はっこう》ごはん

2023年11月6日　初版発行

著　者　オザワエイコ
　　　　森《もり》本《もと》桃《もも》世《よ》

発行者　田村正隆

発行所　株式会社ナツメ社
東京都千代田区神田神保町1-52　ナツメ社ビル1F (〒101-0051)
電話　03(3291)1257(代表)　FAX　03(3291)5761
振替　00130-1-58661

制　作　ナツメ出版企画株式会社
東京都千代田区神田神保町1-52　ナツメ社ビル3F (〒101-0051)
電話　03(3295)3921(代表)

印刷所　大日本印刷株式会社

ISBN978-4-8163-7442-5

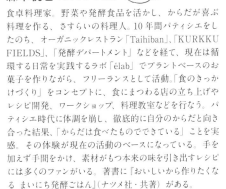